AF269480

IKIGAI EN EL AMOR

KEN MOGI
THOMAS LEONCINI

IKIGAI
EN EL AMOR

El reto de amar conscientemente
en un mundo orientado al futuro

URANO

Argentina – Chile – Colombia – España
Estados Unidos – México – Perú – Uruguay

Índice

«Si tú eres tierra quemada,
yo seré lluvia caliente.»

Murasaki Shikibu, *La historia de Genji*

1

¿Te gustaría bailar un tango con un robot?

Thomas Leoncini

En el tercer milenio no existe Oriente sin ikigai.

Esta palabra se cita tantas veces que se ha convertido en un eslogan (y lograr construirlo con solo seis letras es el sueño de todos los comunicadores del mundo). Pero ahora examinemos su sentido profundo: en una traducción literal del japonés, significa «algo por lo que vivir». Así pues, ¿podemos pensar en el ikigai sin relacionarlo con el sentimiento del presente?

La íntima motivación a la que otorgamos nuestra razón de ser pasa inevitablemente por la cognición del presente, por la capacidad de vivir conscientes del instante en el interior del propio instante.

El miedo vive solo en el futuro, enraizarnos en el presente es el antivirus contra el miedo.

Incluso cuando subimos a un autobús, estamos acostumbrados a vivir en la imagen del futuro inmediato en vez de habitar el instante, sea cual sea.

Escrutamos a los demás como si fueran posibles adversarios: podrían quitarnos el asiento, estornudar delante de nosotros y contagiarnos un virus incurable, también podrían robarnos o llevar una bomba escondida en la chaqueta y hacernos saltar a todos por los aires. Pensamos en estas posibilidades porque estamos predispuestos, sobre todo los occidentales, a imaginarnos un futuro inmediato tendencialmente pesimista y a suponer que las cosas pueden ir mal.

Sin embargo, somos siempre nosotros quienes después subimos a una moto o a un coche y en pocos segundos nos descubrimos capaces de entrar casi en éxtasis solo de pensar en acelerar en una recta para experimentar el vértigo de la velocidad.

Al acelerar (gracias a la tecnología del coche o de la moto), creamos una discontinuidad en el tiempo, un fragmento aparte, un instante absoluto en el que no existe nadie más fuera del yo impreso en el presente, un yo instintivo que solo quiere sobrevivir, capaz de separar el cuerpo de la psique.

Primero hay el yo, después el peligro, no al revés.

Es la suspensión del juicio.

Exactamente lo contrario de lo que ocurre cuando subimos a un autobús.

Al sentir la velocidad del coche en marcha, somos cuerpo, y el condicionamiento se vuelve casi solo instintivo. Así, el cerebro se droga con el cuerpo, de un modo totalmente opuesto a la racionalidad: responde solo a sus órdenes.

Todos los miedos conscientes del autobús desaparecen en aquel momento, cuando pasamos de un hábitat sin duda seguro (un lugar público) a un lugar privado y sin duda más peligroso como la moto o el coche que corre a tope.

Somos hipocondríacos con un horario flexible, ansiosos a ritmos alternos y, sobre todo, absolutamente ilógicos y variables.

La velocidad es la palabra clave.

En Occidente es quizá la velocidad lo que nos permite tomar posesión del presente.

Así vamos acostumbrando a nuestras neuronas.

El contacto con este yo instintivo es, para muchas personas occidentales, la exaltación del presente.

El presente como aceleración y como discontinuidad, no como lentitud y continuidad.

Vivir el ikigai en el amor significa, pues, en primer lugar vivir el presente de toda relación que concierne al amor (tanto si es el amor sentimental o de familia como el amor entendido como cuidar a los demás o a los más débiles). Significa ponerse a correr como exige la aceleración del amor.

Pero, en los últimos tiempos, la aceleración del amor se ha visto sometida a una dura prueba: la pandemia global ha trastornado las costumbres del individualismo. La pandemia nos hace sentir por primera vez que somos una comunidad de personas que no están nunca a salvo del enemigo invisible, sino solos en esa guerra en que el «nosotros» son los seres humanos, antes que cualquier diversidad étnica.

Ken, ¿qué repercusiones crees que ha tenido el coronavirus en el concepto de amor? ¿También estamos en el año cero del amor?

Ken Mogi

Es importante hablar de amor en tiempos como estos, en que la globalización provoca un gran estrés mental y empuja a algunas personas a alejarse del amor, mientras que otras se sienten atraídas por él cada vez más, como si fuera un posible «antídoto» contra las desgracias y las preocupaciones de la época contemporánea.

Hoy en día vivimos en una aldea global donde la competición parece dominar en muchos ámbitos. Sin embargo, como dices tú, existen alternativas, y el ikigai es uno de los conceptos claves para entender los diferentes modos que tenemos de organizar con armonía nuestras vidas, la sociedad y el amor.

El ikigai es algo tan natural para un japonés que, cuando se supo que esta sencilla palabra estaba a punto de convertirse en un término de moda, fue una auténtica sorpresa, incluso para mí.

Después se inició la búsqueda del alma. En el mundo moderno, cuando se encuentra lo global, se está obligado a compararlo con los propios méritos, límites y manierismos. Supongo que también es verdad para los europeos. Todos somos «seres humanos», pero la palabra que define lo humano universal no incluye todas las diversidades que enriquecen nuestra vida cotidiana. Es importante que comparemos nuestras cualidades mirándonos al espejo social, pero conservando nuestra identidad y permaneciendo al mismo tiempo siempre abiertos a las influencias que vengan del mundo exterior.

Espero que esta conversación sea capaz de dar a los lectores un poco de alimento para el alma, de modo que puedan calmarse y avanzar.

Hace poco he visto la película *Los dos papas*, magistralmente interpretada por Anthony Hopkins y Jonathan Pryce. Esta obra maestra me ha llevado a reflexionar sobre el ikigai de un papa. El santo padre es el jefe espiritual de la Iglesia Católica, representante directo de san Pedro. Las implicaciones culturales e históricas son enormes y constituyen una pesada responsabilidad para el papa. Por otra parte, el pontífice, en cuanto individuo, es receptivo a las alegrías y a las penalidades que le plantean los millones de personas que en todo el mundo se dirigen a él como guía espiritual.

Tomar en consideración el ikigai del papa, los altibajos de su cotidiano llevar a cabo los deberes, a mi juicio es un gran juego de equilibrio que exige todo lo que es humano en nosotros, en una época en que los problemas que van de la disparidad social al calentamiento global sacuden los cimientos de nuestra existencia.

La pandemia de coronavirus nos hace reflexionar sobre la esencia del amor en un nivel más profundo.

A fin de cuentas, nos amamos porque somos mortales. Si la vida fuera eterna, el amor que sentimos unos por otros no sería tan apasionado.

Una época de dificultad global es también una oportunidad para constatar el poder del amor.

Al tener que aislarnos, nos hemos dado cuenta de que, como seres humanos, nos necesitamos los unos a los otros, en cuerpo y espíritu.

Con la llegada de la inteligencia artificial y la posibilidad de una inminente singularidad[1] que, si ocurre, cambiará la vida humana para siempre, el amor adquiere un papel cada vez más central en el ámbito de los valores humanos.

No es de extrañar, pues, que el amor sea una cuestión de verdad importante para muchas personas, entre ellas los llamados mileniales, en cuyas manos está el futuro de la humanidad.

El amor es, por supuesto, un tema muy estudiado en el ámbito de las neurociencias y de las ciencias cognitivas. Una cuestión fundamental, relacionada con el amor, es el altruismo; es decir, el hecho de que un individuo esté dispuesto a sacrificar el propio bien, o a veces

---

1. El momento en que el progreso técnico se acelera más allá de la capacidad de entender y prever de los seres humanos.

incluso la propia vida, por el bien de los demás. Está demostrado que en el cerebro existen actividades neuronales encargadas del altruismo. En los animales sociales, como el hombre, la conciencia y la conducta altruistas son la base de la subsistencia de la familia y de la comunidad y fomentan la confianza.

Para los científicos, existen muchas cuestiones relacionadas con el amor. El amor, y sobre todo el amor sentimental, se puede abordar adoptando el criterio de la elección de la pareja, que garantiza la función biológica fundamental desde el punto de vista darwiniano. Las estrategias del amor se pueden analizar aplicando la teoría de los juegos. John Nash formuló el famoso teorema, que le valió el premio Nobel, del «equilibrio de Nash», estudiando las estrategias de búsqueda de la pareja. Las estrategias amorosas se pueden analizar numéricamente, mediante inferencias bayesianas, y optimizar con la ayuda de la inteligencia artificial, si hace falta.

Visto desde esta perspectiva, se podría analizar el amor desde un punto de vista técnico y racional, que tendría valores universales independientes de las diferencias locales. El amor, en esta aceptación, pertenecería al ámbito de la civilización y no al de la cultura. La fase del «amor líquido» es interesante desde este punto de vista tecnológico. En un futuro próximo, ¿también el amor encontrará su singularidad, acelerando sin control al igual que la inteligencia artificial?

Por otra parte, el amor es también un concepto vinculado con los contextos culturales. Es interesante señalar que en la cultura japonesa, por tradición, en la antigüedad no existía ninguna palabra que correspondiera a «amor», al menos en sentido sentimental.

El escritor de novelas japonés Sōseki Natsume (1867-1916) introdujo el modernismo en el género y está considerado uno de los mayores, si no el mayor, novelista del Japón moderno y sucesor de Murasaki Shikibu (973-1031), la autora de *La historia de Genji*.

Aunque Natsume fue un intelectual muy influido por la cultura occidental (estudió literatura inglesa durante dos años en el Londres victoriano), siguió haciendo de portavoz de la cultura y de los valores tradicionales japoneses, por lo que sus novelas fueron apreciadas tanto en Japón como en el extranjero.

Es famosa la forma como tradujo «*I love you*» al japonés. En la tradición japonesa, los que se aman no suelen exteriorizar el cariño de un modo tan explícito. Cuando los amantes se comunican sus sentimientos, lo hacen con métodos más sutiles; por ejemplo, se intercambian *waka*, poesías compuestas mediante refinadas técnicas literarias.

Natsume encontró una traducción japonesa muy original e inspirada del inglés «*I love you*». Su equivalente sería algo así como «*The moon is pretty, isn't it?*» («La luna es bonita, ¿verdad?»). Y esa traducción tan peculiar resonó en el corazón de los japoneses, como lo atestigua el que todavía hoy se utilice con mucha frecuencia en las redes sociales.

Imaginémonos, por ejemplo, a dos enamorados que se pasean al atardecer por la orilla de un río. Y supongamos que corresponde al chico expresar su afecto. Como aún no se han declarado explícitamente su amor, él tiene que encontrar una manera ingeniosa de revelar su sentimiento a la chica. Mira el cielo y ve una luna preciosa. Está tan emocionado por el amor e impresionado por la belleza de la naturaleza que dice: «La luna es bonita, ¿verdad?» Ella responde: «Sí» y, apreciando la belleza de la luna, se da cuenta de que el chico la ama. Esto lo ha deducido del hecho de que él quiere compartir con ella un momento tan efímero.

El amor, en el contexto japonés, está impregnado del carácter efímero y vulnerable de la vida. Sería interesante comparar el concepto japonés de amor con su homólogo occidental.

En este caso, no limito necesariamente la discusión al amor sentimental. También el amor a Dios es un concepto que hay que tener en cuenta, pese a vivir en una época en que la mayoría de las personas se inclinan por el ateísmo. En Japón, por tradición, se piensa que Dios está presente en todas las cosas. La frase «ocho millones de dioses» expresa la creencia nipona de que existen muchas entidades espirituales en el mundo, no solo en los seres humanos, sino también en las cosas vivas y no vivas.

En la tradición monoteísta occidental, por el contrario, existe un solo Dios omnipotente que ha creado el universo entero. De la tradición monoteísta surgió la idea de que, en el universo, todo fue creado siguiendo el diseño de Dios (la ley natural), lo que al final llevó a la formulación de los principios de la dinámica newtoniana.

En el mundo contemporáneo, podemos considerar que la ciencia es hija de la tradición monoteísta, dejando de lado el hecho de que puedan parecer alejadas por cuestiones como, por ejemplo, el origen de la moral.

En la tradición cristiana, Cristo es el hijo de Dios que se encarnó y, al ser crucificado, se ofreció como sacrificio extremo para la salvación del alma humana. Es interesante considerar el amor de Dios, en este sentido, como una forma de amor muy extrema, que concierne a los cimientos de la condición humana, en especial a la conciencia.

Me entusiasma la idea de un espectro tan amplio de amores posibles en la sociedad humana contemporánea. ¿Bailará el amor un tango con la inteligencia artificial? ¿La conciencia humana necesitará el amor de Dios? ¿De qué modo las modernas tecnologías influirán en la forma de encontrarnos, amarnos y separarnos? ¿Y cómo influirán dichas cuestiones en la confianza en la comunidad y el amor a ella? ¿De qué modo se podrá uniformar el concepto de amor en Occidente y en Oriente?

Tengo mucha curiosidad por ver cómo continuará nuestra conversación.

TL

Ken, corrígeme si me equivoco: «*The moon is pretty, isn't it?*» deriva probablemente de la concepción de la luna, muy diferente entre la sociedad occidental y la oriental. En Japón, la luna está considerada portadora de salud y suerte, y aquí, en Occidente, se dice que en Oriente le dedican una estación entera, el otoño, para celebrar su belleza. Además, al parecer, la luna en Oriente incluso ha influido en los cánones de la belleza femenina. Tener una cara redonda como la luna es sinónimo de belleza, igual que tener la piel clara como el satélite natural de la Tierra.

Los cánones de la belleza femenina occidental son muy diferentes: la piel bronceada es sinónimo de bienestar y belleza. Aquí apreciamos sobre todo el sol, porque nos permite desnudarnos y exhibir el físico.

Has hablado de Dios, en relación con el amor: el uso y abuso constante de la tecnología parece que ha sustituido, en cierto modo, la necesidad humana de Dios y ha llevado al hombre a lo que podríamos llamar «hiPerindividualismo».

Cabe señalar que somos muy propensos a aceptar de buen grado todas las palabras que empiezan por «hiP» o todo lo que recuerda «hiper», prefijo de origen griego que indica «abundancia» o «cantidad o grado superior al normal» y que verbalizó Steve Jobs, anticipando una tendencia que todavía era inconsciente y latente en la psique humana. Un detalle revelador: en inglés «I» significa «yo».

El sociólogo y psicoterapeuta Erich Fromm ya conocía la idea del hiPerindividualismo. Su teoría presentaba un solo defecto: como muchos grandes pensadores, tuvo la mala suerte de anticiparse demasiado a su tiempo, mientras que la época actual está totalmente madura. Fromm hablaba, en efecto, de religión cibernética, con la que el hombre ha hecho de sí mismo un dios, ya que ha adquirido la capacidad técnica de una «creación segunda» del mundo, que sustituye la primera creación, obra del Dios de la religión tradicional.

Trasladando el pensamiento de Fromm a la actualidad, e incluso al futuro inmediato, se puede decir que hemos convertido los ordenadores e Internet en nuevos dioses y que hemos sucumbido al espejismo de creernos semejantes a Dios.

Los seres humanos, en su máxima condición de impotencia efectiva y afectiva, gracias al apoyo de Internet y de los ordenadores, consiguen imaginarse que son omnipotentes.

Fromm, en *¿Tener o ser?*, escribía que la humanidad cibernética, que él definía como humanidad esclava de las máquinas, niega la evidencia de que se ha vuelto adoradora de la diosa de la destrucción.

Fromm afirmaba que tenía dos pruebas convincentes que demostraban su tesis. La primera es que las grandes potencias (e incluso algunas pequeñas) siguen construyendo armas nucleares, cada vez de mayor capacidad destructiva, sin lograr adoptar la única solución sensata: la destrucción de todos los instrumentos bélicos y de las centrales nucleares que proporcionan el material para las bombas atómicas. Y la segunda prueba es que no se hace prácticamente nada para eliminar el peligro de la catástrofe ecológica. En pocas palabras, que no se toma ninguna medida concreta destinada a garantizar la supervivencia de la especie humana.

La pregunta más importante, en mi opinión, es la siguiente: las nuevas generaciones líquidas, que han nacido y crecido a imagen y semejanza de la web (que, a su vez, ha nacido y crecido a imagen y semejanza del mercado, erigiendo como único objetivo humano la utilidad inmediata), ¿en qué medida están y estarán radicalmente influidas por ella en lo que concierne a los temas primordiales de la civilización como el amor, el afecto y las relaciones humanas?

Los medios de comunicación hoy anticuados como la televisión, los periódicos y las televisiones por Internet proporcionan modelos de pensamiento y conducta a los que se enfrentan las personas y de los que extraen elementos para guiar sus actitudes, que a menudo se traducen en comportamientos. Dichos medios de comunicación se relacionan con la psique exactamente como si fueran un *hardware* (es decir, la parte sólida de nuestro ordenador, la que se puede tocar). Pensamos en particular en un disco duro externo, donde se puede insertar la máxima información posible. Así pues, la televisión es un poco como si fuera nuestro disco duro externo. La tocamos, la vemos, extraemos información de ella, pero la relación es unidireccional: la televisión nos da algo, que nos puede gustar o no, pero nos da algo. Nosotros a la televisión no le podemos dar nada.

Como en todos los discos duros, la utilidad del producto se basa en la solidez del almacenamiento de la información.

Es verdad que, mediante ese disco duro, los medios de comunicación también permiten modificar la orientación de las experiencias, pero son en cualquier caso «externos», no son equiparables a los métodos de «búsqueda psíquica», sino solo a los métodos de «valoración psíquica».

Por «búsqueda psíquica» se entiende la posibilidad de construir la información y, sobre todo, los métodos utilizados para recopilarla y organizarla, mientras que por «valoración psíquica» se entiende tan solo la posibilidad de catalogar la información entre «online» (¿la guardo?) y «offline» (¿la tiro a la papelera?). ¿La tiramos al cubo de la basura o la guardamos? Esto es lo esencial.

La televisión, por ejemplo (hoy en día un invento prehistórico), supuso, con su aparición, primero la continuidad de la «sociedad sólida» (como si fuera una extensión del saber bibliotecario), pero poco después contribuyó de forma considerable a su ocaso.

El primero en hablar de modernidad sólida y modernidad líquida fue el filósofo y sociólogo Zygmunt Bauman, hoy en día punto de referencia irrenunciable, sobre todo para las nuevas generaciones de investigadores sociales de Occidente.

Lo que define a la modernidad sólida es su tendencia a crear instituciones duraderas y estables, lo que la lleva a privilegiar los vínculos espaciales y territoriales y evitar la efervescencia temporal.

Desde este punto de vista, las principales etiquetas de la modernidad sólida han sido las siguientes:

#fabricafordista

La fábrica fordista que glorificaba la estandarización en detrimento de la espontaneidad.

#burocracia

La burocracia, que valoraba a los usuarios impersonalmente y no los distinguía mediante su identidad específica, sino como si fueran números.

#Panoptico

El predominio de un poder ejercido siguiendo el modelo del Panóptico de Jeremy Bentham (1748-1832), utilizado por Michel Foucault

(1926-1984) para explicar el poder moderno. Según ese modelo, los líderes eran los que poseían el dominio del tiempo y tenían la capacidad de moverse, mientras que los súbditos eran los que permanecían inmovilizados en el espacio. Los primeros, por lo tanto, vigilaban constantemente a los segundos.

#granhermano

El gran hermano, capaz de estar siempre alerta y, por eso mismo, de estar en condiciones de premiar a los fieles y castigar a los infieles.

#tendenciatotalitaria

La presencia de una tendencia totalitaria capaz de ejercerse mediante un estado con un alto grado de soberanía y centralización.

En estas condiciones, los elementos que destacaban era una especie de derecho a la igualdad y la aspiración constante a un *telos*, un fin, o bien a una sociedad perfecta.

Si bien los viejos medios de comunicación supusieron, con su aparición, una auténtica revolución social, no han condicionado nunca en su raíz los métodos de construcción y de investigación psíquica de la realidad circunstante, sino que se han limitado a influir en la valoración de la realidad circunstante (aunque, evidentemente, en los años de que hablamos esta parecía una revolución extraordinaria o incluso potencialmente peligrosa para el *statu quo*).

Los medios de comunicación como la televisión intervienen, pues, en la memoria declarativa; es decir, en la memoria ligada a nuestro saber formal, cultural, histórico, así como al deportivo y mediático. Los medios anticuados propician, en especial, un proceso análogo a este: «Gracias a la televisión aprendo lo que puede enriquecer e incluso orientar mi existencia: puedo alimentar mi cultura personal, pero sobre todo también puedo iniciar un recorrido para dar vía libre a mis vicios». Cabe señalar que el cotilleo nació y tuvo una gran audiencia y difusión sobre todo por esta característica (baste recordar que el decenio de oro del cotilleo fue entre el año 2000 y el 2010).

La televisión le permite a la memoria almacenar información y orientar la experiencia satisfaciendo los vicios y favoreciendo la fragilidad, pero le sucede algo muy distinto a quien crece con la web. Esta, a diferencia de la televisión, conquista directamente la memoria no declarativa.

La memoria no declarativa se diferencia de la declarativa porque interactúa con el inconsciente sin dejar rastros de su génesis.

En psicología, esta memoria entra en juego cuando una habilidad depende de la ejecución repetida de una tarea (por ejemplo, la capacidad de tocar instrumentos de oído, la adquisición de habilidades motoras como el deporte, la danza, etc.).

Resumiendo: la memoria no declarativa recoge todas las enseñanzas adquiridas en ausencia de la conciencia. Estamos hablando de los conocimientos que no son accesibles mediante la introspección verbal. Un ejemplo práctico puede ser «aprender a andar en bicicleta»: nadie es capaz de montar en bicicleta solo después de haber asistido a clases teóricas porque es imprescindible la práctica. En síntesis: no se aprende aumentando la concentración o la atención, sino soltándose.

Y ahora llego al punto esencial: este proceso se puede comparar fácilmente a lo que ocurre cuando el nativo líquido (llamado aún por muchos «nativo digital») empieza a usar la web.

Aprender a usar la web es, para el niño, el equivalente de aprender a montar en bicicleta. Con la diferencia que, cuando aprendemos a usar la bicicleta, adquirimos una habilidad ligada a una relación directa con el espacio. Mientras que el aprender a usar la web modifica directamente la concepción del tiempo del niño. Puesto que aniquila las distancias y le permite a la psique imaginarse un bagaje infinitamente grande de conocimientos que se adquieren directamente en el nivel cerebral.

La web, a diferencia de los medios anteriores, está construida para interactuar con la psique mediante un intercambio bidireccional; por eso los más jóvenes la interpretan como un *software* para el cerebro.

Y el *software* es algo muy diferente del *hardware*: el *software* es el programa, no se puede tocar con las manos, no es sólido, es líquido, permanente y difícilmente recuperable con la conciencia y la introspección.

Quien crece con la web al alcance de la mano inserta en su modelo psíquico las nuevas modalidades con las que se relaciona con la realidad. Y construye las informaciones del mundo exterior directamente en el *software* (el método que la web ha construido en el cerebro de los nativos líquidos).

Varios estudios internacionales importantes coinciden en la edad en que los niños empiezan a interactuar (esta palabra es fundamental) con la web. No se habla, en efecto, de relación unidireccional, sino bidireccional. Si en la televisión yo, como usuario, no podía «dar» nada, la web está construida precisamente para hacerme interactuar y permitirme coconstruirla constantemente. Su única certeza es la liquidez.

KidsMatter —una importante organización australiana que trabaja para la promoción de la salud mental, la prevención y la intervención precoz en el ámbito de las escuelas primarias y de los servicios de educación y cuidado de la infancia (ECEC, por sus siglas en inglés), como parvularios, jardines de infancia y centros diurnos— ha demostrado, mediante estudios cruzados, que el 45 por ciento de los niños con edades comprendidas entre ocho y once años utiliza de forma constante sitios de redes sociales. En esa tierna edad, los niños también son usuarios ávidos de los medios sociales.

Entre ellos, las actividades más populares son jugar a los videojuegos. Pero sobre todo lo que hacen es enviar mensajes privados, y publicar comentarios y actualizaciones de estado.

En otras palabras, a los niños de estas edades les gusta relacionarse con sus iguales, publicar y compartir contenidos exactamente como hacen los adolescentes y los adultos.

Todo ello, a la luz de las premisas de las páginas anteriores, nos lleva a una serie de reflexiones: un niño que hoy tenga ocho años no se siente inclinado a pedir a los padres las explicaciones cotidianas que para los nativos «sólidos» y para una parte todavía considerable de los nativos «líquidos» eran de absoluta exclusividad de los padres y de los abuelos.

Un niño de ocho años ya se siente inclinado, y dentro de algunos años aún más, a pedir explicaciones de sus dudas a Google y no a la familia ni a los enseñantes.

Esto no debemos considerarlo banal, porque creer a los ocho años que se tiene un mundo «infinito» de oportunidades como bagaje cerebral en vez de como fruto de la experiencia de los demás supone un cambio radical que en el futuro influirá en las relaciones humanas, cuando esas generaciones sean adultas y después ancianas.

Familiarizarse tan pronto con la tecnología, con las máquinas, ¿puede originar tales cambios fisiológicos en el cerebro que se llegue a considerar normal enamorarse de un robot? Y dentro de poco tiempo, ¿será también normal desear bailar un tango con un robot, como decías tú, como si fuera una danza de galanteo? Si el robot (el ordenador personal) me ha enseñado a conocer el mundo, a ser lo que soy, ¿un día dependeré tanto de él que me crearé un ideal de amor más parecido a la máquina que al ser humano?

KM

Thomas, gracias a esta conversación estoy descubriendo lo interesante que es un diálogo intercultural de este tipo, en especial para darse cuenta de todo lo que, en la elaboración de una tesis, depende en realidad de cuestiones culturales implícitas y no verbales.

Me parece interesante lo que defines como diferencia en los cánones de belleza entre Occidente y Oriente.

Cuando he hablado de la traducción que propuso Sōseki Natsume para la frase inglesa «*I love you*», que en japonés se convierte en «*The moon is pretty, isn't it?*», no me daba cuenta de la rica diversidad cultural relativa a la imagen de la luna y del sol en el mundo y, por lo tanto, también en Japón y Italia. Es sin duda verdad que en Japón, y en general en los países asiáticos más orientales, la luna está considerada la apoteosis de la belleza. Y precisamente la estética de la luna debe de haber condicionado la traducción de Natsume.

En Japón, por tradición, la gente suele «observar la luna», lo que se llama *tsukimi*, sobre todo en los meses de otoño. Si bien la luna llena es la más popular, los japoneses se extasían con la luna en cualquiera de sus fases. En efecto, la luna, en sus diferentes formas, se cita muy a menudo en las poesías amorosas que los amantes (en potencia) se intercambian durante el galanteo, antes y después de la relación.

Pero también el sol ha tenido siempre mucha importancia en Oriente, aunque sea en un contexto diferente del de Occidente. Japón es conocido como el «país del sol naciente», y en su bandera destaca el símbolo del sol. En la mitología japonesa, a la diosa Amaterasu, la más importante entre los ocho millones de dioses, se la define casi siempre como la diosa del sol. El nombre de Amaterasu viene literalmente de *ama* (cielo) y *terasu* (brillar) y sugiere que es una divinidad que resplandece en el cielo, como el sol.

En la tradición japonesa, una persona de éxito o de elevada estatura puede ser alabada y transformada en divinidad después de la muerte. Es interesante señalar que su nombre, en calidad de divinidad, tenía que aludir a lo que fue la persona durante la vida. Por lo tanto, el nombre de Amaterasu se refiere a como aparecía, a quienes la conocían de cerca, esa maravillosa mujer, probablemente una señora aristocrática. Según parece, volvía luminosa la cara de quienes la rodeaban, era una persona que suscitaba entusiasmo con su intensa luz interior. Y, en efecto, en este caso el sol se utiliza como una metáfora que representa la belleza interior más que la exterior.

La belleza, por una parte, puede constituir una propiedad universal, como el ideal platónico. La sección áurea (~1,618), que se puede definir matemáticamente como la relación que cumple a: b = b: (a+b), es un ejemplo típico de ello.

La belleza, por otra parte, es una construcción social y cultural y puede reflejar características propias de cada cultura. La belleza, en este sentido, constituye un concepto relativista.

Varios estudios en el ámbito de la neurociencia indican que la belleza es en realidad la respuesta del cerebro a los *big data* de los rasgos faciales que encontramos en la vida cotidiana. La belleza, en cuanto construcción estadística, depende del contexto cultural particular de que se nutre. Se puede demostrar, por ejemplo, que, si se hace la media de las caras de las mujeres de una población, la «cara media» resultante se percibe como bonita y atractiva. Aunque los detalles de ese proceso cognitivo todavía no están muy claros, es posible que una «cara bonita» sea la media construida estadísticamente de las caras que una persona encuentra a lo largo de su vida. Los circuitos neuronales del cerebro, en el interior y alrededor de la circonvolución cerebral (una zona que se cree que desempeña una función central en la percepción facial) utilizan la cara (bonita) media como base para percibir la diversidad de las caras que uno se encuentra durante su vida. La belleza facial, en este caso, constituye la «media áurea», que sirve de base para la percepción de la diversidad de las caras.

Ese modelo de belleza explica por qué, por ejemplo, los criterios de belleza del rostro han sido tradicionalmente diferentes en Oriente y en Occidente, ya que los *big data* de los rostros que un individuo solía encontrar en esas culturas eran diferentes. También explica por qué la divergencia entre los criterios occidentales y orientales de belleza se va reduciendo a medida que el conjunto típico de caras que un individuo suele encontrar durante su vida es cada vez más similar en las distintas culturas a causa de la mezcla global de imágenes y de vídeos que se da tanto en los medios de comunicación tradicionales como en Internet.

La belleza hoy en día es un tema políticamente sensible. Imponer un determinado sistema de valores respecto a la belleza se interpreta muchas veces como una actitud opresora, políticamente incorrecta, incluso equivocada. Los concursos de belleza sufren presiones para que, entre los criterios de valoración, se tenga en cuenta la belleza interior, además de la exterior, de lo contrario se arriesgan a quedar desautorizados. Reconocer que la belleza de una cara se basa en conocimientos de carácter estadístico al menos nos podría aclarar, si no justificar moralmente, nuestros criterios de belleza. Sin duda nos ayudaría a ver que la percepción de la belleza que tienen los jueces está condicionada, no necesariamente a causa de una negligencia intencional, sino por el carácter estadístico de su experiencia personal en el contexto de cada cultura.

Tu comentario sobre la «modernidad sólida» y la «modernidad líquida» a propósito del Panóptico (Jeremy Bentham y Michel Foucault) y la aparición de los nativos líquidos es muy estimulante y sin duda podría influir en la manera como los hombres de las generaciones futuras (la de los mileniales y las sucesivas) considerarán el concepto de amor, entre otras cosas que nos interesan.

Fue Bauman quien, gracias a su perspicaz intuición, se dio cuenta de que la modernidad se basaba en un intercambio. Con la introducción de las instituciones modernas se eliminó la incertidumbre de la vida cotidiana. Esto de por sí parece ser, y sin duda lo ha sido, un bien. Sin embargo, las mismas bases de la modernidad han hecho posible que cierta clase de personas fueran consideradas extrañas, ajenas al sistema. Es una de las visiones de Bauman más perturbadoras, molestas y sin duda iluminadoras afirmar que el holocausto es un producto de la modernidad, como mecanismo útil para asegurar que la incertidumbre queda excluida de la sociedad. El gran logro intelectual de Bauman ha sido precisamente sacar a luz ese carácter peligrosísimo del intercambio de la modernidad (sólida).

El viaje ha continuado y la sociedad humana parece que ha entrado en una nueva fase. Las situaciones de posverdad en el mundo, como por ejemplo las consecuencias del referendo sobre el Brexit, han trastornado a muchas personas.Sin embargo, la política y los medios de comunicación de la posverdad también pueden no trastornar ni sorprender, si los consideramos desde el punto de vista de la modernidad líquida postulada por Bauman. Con la llegada de situaciones líquidas y la reintroducción de la incertidumbre en la vida cotidiana, estamos experimentado un retorno a circunstancias de vida premoderna más que posmoderna. En la medida en que el hombre es un organismo vivo, su tarea más importante es adaptarse a las nuevas situaciones y, evidentemente, nosotros, los mileniales y todos los demás, procuraremos cambiar de modo que podamos vivir mejor en las nuevas situaciones. El amor, entre otras cosas, formará parte de ese incesante juego de adaptación.

Y, en ese contexto, un diálogo entre Oriente y Occidente o, en cualquier caso, entre las multiformes culturas del mundo, resulta interesante. En un sistema complejo como la sociedad humana no existe una sola estrategia de adaptación. No existe una sola hipótesis sencilla de optimización. Además de diferentes sistemas de valores para codificar la belleza, podrán darse muchas formas de amarse, de aprender, de vivir intensamente la vida. Por lo tanto, la coexistencia de varias estrategias de adaptación en las diferentes partes del mundo contribuirá a un robustecimiento general de la evolución humana, en la modernidad líquida y más allá de esta.

En Japón, las formas de relacionarse chicos y chicas siempre han sido más versátiles y distintas. Ha sido siempre así en la historia del país y ahora lo es aún más. Las generaciones más jóvenes —los mileniales pero también los que vendrán después— consideran interesantes los juegos de simulación amorosa. En uno de esos juegos, bastante famoso, una chica (el jugador) se encuentra con varios tipos de muchachos en su clase. El objetivo del juego es hacer que todos los tipos de muchacho se enamoren de la chica mediante la interacción entre el jugador y los agentes virtuales. Hay también juegos equivalentes para chicos, a veces definidos juegos *bishoujo* (muchachas bonitas).

Desde el punto de vista de la neurociencia cognitiva o de la psicología evolutiva, participar en juegos de esta clase puede estar biológicamente justificado, pues constituyen una «simulación» o una «preparación» a las auténticas relaciones entre seres humanos. Se podría afirmar que, si una chica ha participado en todas las situaciones y escenarios de interacciones posibles presentadas en el juego, estará mejor preparada para buscar el amor en una relación real, cuyo resultado final será encontrar una pareja y reproducirse. Así pues, participar en juegos de amor se puede justificar desde el punto de vista darwiniano porque mejora a los jugadores en sentido evolutivo.

Por otra parte, se puede objetar, y no faltan motivos justificados, que esos juegos tienden a aislar socialmente al individuo y lo vuelven menos capaz de actuar en situaciones de amor real. También podría ser que esos juegos tengan un valor absolutamente neutro respecto a la evolución. El que una persona haya participado o no en esos juegos amorosos podría no suponer ninguna diferencia en el momento de afrontar una relación en la vida real.

En cualquier caso, es importante reconocer que, al jugar a juegos de simulación amorosa, se produce un sistema de refuerzo más o menos autosuficiente que activa el sistema de recompensa del cerebro, lo que ocasiona la liberación de dopamina, que a su vez hace que el jugador aumente la implicación en el juego, llegando, en algunos casos, a la dependencia.

La Organización Mundial de la Salud (OMS) ha incluido la adicción a los videojuegos en la reciente actualización de la Clasificación Internacional de Enfermedades (ICD, por sus siglas en inglés). En la definición, la OMS explica detalladamente las condiciones en que una intensa actividad de juego en línea y sin conexión a la web se puede considerar un trastorno mental. Los individuos que pertenecen al paradigma de la modernidad sólida tienden a ver el *gaming* intensivo como un comportamiento negativo. Ahora bien, considerada desde el punto de vista del nuevo mundo de la modernidad líquida, la cosa no está tan clara.

La historia humana es y ha sido siempre un proceso constante de viaje mental. Las anomalías de ayer son los modelos de mañana. Los esquemas cognitivos y conductuales que conciernen al amor suelen ser experimentales y conservadores al mismo tiempo. Dado que el amor está relacionado con la encarnación definitiva de la cognición humana, es interesante ver cómo se despliega la interacción entre progresismo y conservadorismo en la arena mundial contemporánea.

Huelga decir que LGBT, pansexualidad y demás tendencias nuevas en las relaciones entre géneros ocuparán un lugar cada vez más importante en nuestra cultura y civilización. Los memes rebasarán los límites y nos llevarán a territorios desconocidos.

¿Los humanos se enamorarán de los robots? En el futuro próximo, el test de *Blade Runner* (si un humano se puede enamorar de un agente artificial), en vez del test de Turing, nos proporcionará el estándar de la inteligencia artificial.

TL

Así pues, supones que cada vez serán más frecuentes, si no necesarios, test para determinar si una máquina es capaz de pensar. Incluso la British Standards Institution parece ir en esta dirección: en efecto, hace poco ha publicado un manual para regular las interacciones entre la máquina y el ser humano, con el fin de enseñar nuestros valores a los autómatas. El manual, titulado *Robot y dispositivos robóticos. Guía para el diseño ético y la aplicación de robots y sistemas robóticos*, lo han escrito científicos, universitarios, expertos en ética, filósofos y usuarios para ofrecer indicaciones sobre los peligros éticos relacionados con los robots y los sistemas robóticos y sobre cómo adoptar medidas de protección. El texto no solo reconoce la existencia de riesgos éticos potenciales, sino que deja entrever que tienen consecuencias más amplias que los riesgos físicos.

Cuando se publicó la noticia de la publicación de ese manual, lo que más impresionó en Europa a los periodistas y a la opinión pública no fue la existencia de un código ético para los robots, sino más bien uno de los puntos de dicho código: el tema del enamoramiento.

Es como si de un momento a otro, sin avisar, el mundo de los robots se hubiera materializado en la vida sentimental, pasando de una realidad propia de la ciencia ficción y con rasgos grotescos a una realidad que puede invadir incluso la periferia de las ciudades. En otras palabras, en todo el mundo pareció más realista que nunca esta frase: «Creo que mi vecino está enamorado de un robot, por eso no sale nunca de casa!»

Estamos asistiendo además, desde hace muchos decenios, con frecuencia sin darnos cuenta, a los preliminares del amor, es decir, al cariño por las máquinas. Somos una especie que incluso se encapricha con una lavadora: «Me fastidia cambiarla. ¡Hace tantos años que la tengo! Ahora me he enamorado de ella». Muchas personas disimulan este apego hablando de suerte, es más viril a los ojos de los demás: «No cambio el ordenador (o el coche) porque me trae suerte». Era evidente que llegaría el momento de la evolución, del paso de la máquina sin rasgos humanos o animales a la máquina que despierta sentimientos más profundos porque interviene el proceso humano que puede empujar al hombre a sentirse motivado: la identificación.

Y con esta está íntimamente relacionada la empatía y la llamada inteligencia emocional. Los primeros que hablaron de ella fueron Peter Salovey y John D. Mayer, en el artículo *Emotional Intelligence*, y la definieron como «la capacidad de controlar las emociones y los sentimientos propios y ajenos, saber distinguirlos y emplear esta información para guiar los pensamientos y las acciones propios».

Varios estudios demuestran que los niños estadounidenses de hoy, en comparación con los de hace diez o quince años, poseen una menor capacidad de interpretar rostros y fisonomías, así como una menor capacidad de entender el significado de ciertas expresiones en la cara de los demás. Y también les resulta más difícil reconocer a algunas personas.

Si a la larga esta tendencia se viera confirmada y, evidentemente, no se limitara a los Estados Unidos, podríamos creer que la predisposición al hiPerindividualismo fomenta, en tiempos muy complicados, la tendencia a prescindir de los matices de la personalidad y de las exigencias del prójimo. Es un mecanismo muy conocido y fácilmente demostrable el gran uso que los más jóvenes hacen de los emoticonos. Los emoticonos son esquemas preconcebidos, asociaciones muy rápidas que no exigen más que una relación estímulo-respuesta y *feedback* (de típico estilo conductual). Los emoticonos sobre todo reducen al mínimo las emociones de los seres humanos.

Más espacio para los cinco o seis emoticonos principales significa automáticamente menos espacio para la inteligencia emocional y la inteligencia social, con la inevitable confirmación del triunfo del individualismo sobre el colectivismo.

La cuestión es la siguiente: ¿pueden los robots poseer inteligencia emocional? Cuando se aborda el tema de los robots, se habla muy a menudo de inteligencia artificial, pero casi nunca de inteligencia emocional. Nos imaginamos que un humano puede enamorarse de un robot porque este último, entre sus acciones, efectúa algunas que proporcionan un gran beneficio al ser humano y, al comportarse así reiteradamente, suponemos que puede surgir un apego tan fuerte entre el humano y la máquina que llegamos a llamarlo amor. Sería más lógico preguntarse: ¿puede un robot enamorarse de un ser humano? ¿Conseguirá el humano crear un robot con una auténtica inteligencia emocional que, por lo tanto, pueda prever el estado de ánimo del humano antes que este decida manifestarlo?

Se discute mucho, en el plano ético, sobre una creación reciente como el robot Kirobi Mini, que simula las acciones y la conducta de un niño de cinco años: muchos especialistas, comentando el éxito de este robot, han criticado el producto y lo han definido como una especie de «hijo artificial» eternamente niño, capaz de sustituir la «seducción» humana para tener hijos (cada vez menos necesaria para los mileniales mientras que la seducción lo es cada vez más), sustituyendo el hijo de carácter imprevisible por el hijo que es siempre un niño, al que se puede dedicar cariño y amor absolutos, al saber que no cambiará a lo largo del tiempo. Al fin y al cabo, la rutina es algo que nos hace sentirnos seguros, y la sensación de seguridad casi siempre forma parte, en el imaginario humano, del ideal del amor.

A muchos mileniales, sin embargo, Kirobi Mini y lo que suscita emocionalmente no les pillará desprevenidos, ya que la emoción que proporciona es semejante a la que desencadenaba un producto con el que los mileniales han crecido, más o menos en todo el mundo: el tamagotchi, creado en 1996 por el japonés Aki Maita.

El tamagotchi fue el primer ejemplo notorio de «cariño globalizado». Recuerdo que más de la mitad de mi clase, cuando tenía unos once años, guardaba en el pupitre, escondido entre los bolígrafos y los lápices del estuche, un tamagotchi. El juego consistía en cuidar un polluelo, darle de comer, lavarlo, dejarlo dormir y estar atentos cuando se despertara. Si lo descuidabas, se moría, exactamente igual que si fuera un animal auténtico.

El tamagotchi era la primera especie alienígena creada a imagen y semejanza del cariño ideal, un juguete para las presas más buscadas del mercado: los niños.

Cuando vi que una compañera de clase lloraba desesperadamente y se refugiaba en el lavabo porque su polluelo se había muerto pocos segundos antes, su reacción me resultó incomprensible y pensé que se trataba de una broma. Pero cuando, como si fuera una reacción en cadena, muchas otras niñas fueron a consolarla para decirle que la entendían, comprendí lo importante que era, para tantos niños, conservar vivo un polluelo digital.

Volviendo al manual de la British Standards Institution, hay que hablar de la cuestión de la discriminación, planteada por Alan Winfield, profesor de robótica en la University of the West of England. En una entrevista al *Guardian* criticó la guía, afirmando que «el *deep learning system* empleado por las inteligencias artificiales se basa en datos disponibles en la web para aprender. Lástima que esos contenidos sean siempre parciales y acaben absorbiendo o repitiendo los prejuicios de quienes los han propagado: hombres blancos de mediana edad».

Pero lo que se plantea de un modo más general, cuando se habla del uso de los robots, es o bien el peligro de deshumanizar la vida y, por lo tanto, también el concepto de amor, o bien el riesgo de destruir puestos de trabajo.

Recuerdo que circuló por el mundo la noticia de la apertura, en Japón, de un hotel gestionado por robots, en el parque temático de Huis Ten Bosch, cerca de Nagasaki. En recepción hay robots, y cada habitación dispone de un robot que hace de conserje digital. También recuerdo haber leído que, entre 1999 y 2006, Sony fabricó animales domésticos dotados de inteligencia artificial: los perros Aibo estaban tan bien hechos que para muchas personas resultaron ser auténticos animales de compañía. Pero, en 2006, de repente Sony dejó de fabricarlos y pocos meses después la empresa que se ocupaba de su mantenimiento cerró. ¿Moraleja? Sin piezas de recambio, los perritos robots, una vez rotos, se morían, y esto creó polémicas y tristeza, hasta tal punto que se organizaron verdaderos funerales para robots.

Los medios de comunicación internacionales desde hace tiempo se preguntan cuándo se incrementará rápidamente el número de puestos de trabajo «robados» por los robots. Científicos, sociólogos y economistas discuten sin cesar sobre la posible destrucción del trabajo a causa de la automatización. Una reciente encuesta de la Kaiser Family Foundation, basada en una amplia muestra de estadounidenses desempleados de entre veinticinco y cincuenta y cuatro años, ha demostrado que el 35 por ciento de ellos cree que está en paro debido al desarrollo de la tecnología.

Sin embargo, la historia nos enseña que el desarrollo tecnológico ha sido siempre sinónimo de la creación de nuevos puestos de trabajo y no lo contrario. En una encuesta realizada por la Universidad de Chicago, el 88 por ciento de sus economistas recalcó que la innovación no ha destruido nunca empleos en Estados Unidos.

Lo que pasa es que la tecnología es un blanco fácil para los alarmistas y para justificar los fracasos. Como demuestra un reciente análisis de la Brookings Institution, desde un punto de vista histórico, el progreso técnico ha creado vencedores y vencidos, pero a largo plazo ha permitido la creación de más empleos que los que ha destruido.

Haciendo un paralelo con el sector agrícola del pasado, es cierto que en el período de 1900 a 2000, el porcentaje de la mano de obra descendió del 41 por ciento al 2 por ciento. Pero también es verdad que la producción agrícola aumentó notablemente y que los trabajadores encontraron un nuevo empleo en las fábricas y por eso abandonaron el campo.

Así pues... ¿uno se puede enamorar de un robot? Es una pregunta todavía sin respuesta, no tanto porque la palabra que crea dudas sea «robot», cuanto porque, volviendo al inicio de este diálogo, el amor no posee ninguna característica universal ni se puede definir científicamente con una fórmula adecuada para someterla a examen. El amor es siempre movimiento y, por lo tanto, para lograr describirlo nosotros también tenemos que estar en movimiento.

Y tenemos que estar siempre dispuestos a cambiar la velocidad del movimiento, porque la velocidad la decide el amor, no podemos decidirla nosotros.

El amor no habla. Es mudo, ligero, camina despacio, necesita silencio para colocarse sigilosamente en el suspiro, antes de que la respiración lo atraiga hacia ella, para pasar luego a los pulmones y llegar al corazón.

KM

Como has comentado, el del amor será el test definitivo para la inteligencia artificial o sus versiones robóticas personificadas. ¿Llegaremos alguna vez a enamorarnos de los robots? Una cosa así nos obligaría a preguntarnos qué es en realidad la vida. Porque el amor, al fin y al cabo, es un compendio de lo que significa la vida.

Uno de mis mejores amigos, Takashi Ikegami, profesor en la Universidad de Tokio y especialista en física e investigación sobre la vida artificial, utiliza el nombre «alltbl» para su cuenta de Twitter. Este enigmático acrónimo se inspira en una frase que resume el pensamiento de Takashi: «*artificial life larger than biological life*». En otras palabras, él cree, como principio general, que podemos superar la vida biológica.

Entre nosotros, los seres humanos, hay la tendencia de dar por supuesto que cualquier cosa artificial es inferior a las entidades que existen por naturaleza, sobre todo cuando se habla de la reconstrucción de varios aspectos de la vida. El lema de Takashi —«la vida artificial es superior a la vida biológica»— se opone a dicha idea. No es solo el programa personal de Takashi, sino la norma que resume las audaces convicciones de muchos investigadores en el campo de la inteligencia artificial, o al menos lo parece.

Es una cuestión muy interesante saber si, cuándo y cómo los sistemas artificiales serán capaces de superar los sistemas biológicos. Depende, ante todo, de la definición de qué es la vida. Incluso en el interior del ámbito de la biología tradicional se discute sobre la «pertenencia» a la vida. Existen zonas grises que conciernen, por ejemplo, a los virus. Algunos consideran que los virus son formas de vida aparte, mientras que otros sostienen que son subproductos del proceso vital real.

Mientras la investigación sobre la inteligencia artificial y la vida artificial produce ejemplares cada vez más avanzados y sólidos de artefactos que presentan conductas inteligentes y semejantes a la vida, serán cada vez más frecuentes preguntas como «pero ¿es inteligente?» o «¿está vivo?» Las implicaciones teóricas y prácticas de tales preguntas adquirirán cada día más importancia. Por ejemplo, ¿cómo deberíamos relacionarnos con un animal doméstico robot (es el caso de Aibo, el perro fabricado por Sony que has mencionado tú)? ¿Cuál debería ser la forma correcta de «retirar» un perro robot?

(¿Quizá un funeral robot?) Un coche con un sistema de conducción autónoma bastante evolucionado, ¿deberíamos considerarlo inteligente, vivo o incluso consciente? ¿Deberíamos declarar legal el matrimonio entre seres humanos y robots? ¿Será posible garantizar la vida eterna «cargando» todos los recuerdos y rasgos personales de un individuo en un sitio web creado a tal fin?

El escritor de ciencia ficción Arthur C. Clarke, en una famosa declaración, afirmó: «Toda tecnología suficientemente avanzada es indistinguible de la magia». En un futuro bastante cercano, podremos decir que «toda forma de vida artificial suficientemente avanzada es indistinguible de una forma de vida biológica» o que «toda simulación del amor suficientemente avanzada es indistinguible del amor verdadero».

Los interrogantes sobre la vida y el amor son interesantes porque reflejan lo que somos. Las preguntas son espejos. Pensemos, por ejemplo, en cuáles pueden ser las preguntas de un niño de cinco años y de qué forma sus preguntas reflejan la vida interior del niño en cuestión. También las preguntas sobre la vida y el amor reflejan la psicología humana de un modo fundamental y universal.

Aquí conviene subrayar que los seres humanos son animales conceptuales. La corporeidad (*embodi-*

ment) es, sin duda, una parte importante de nuestra existencia. Pero, al mismo tiempo, somos animales espirituales, ya que los ideales abstractos (ideologías) a veces ejercen una enorme influencia en nuestra vida cotidiana.

En matemáticas se dice que se llega a una solución más elegante cuando se generaliza el problema. Podremos afrontar la cuestión del límite entre la vida y la no-vida si somos capaces (o tenemos la voluntad) de enamorarnos de un robot cuando generalicemos el concepto de vida, amor y comunicación más allá de lo que es típico en el ámbito de la vida biológica.

Con la intención de abordar la singularidad, algunos debaten cuestiones exóticas, como, por ejemplo, el poshumanismo y el transhumanismo. Tanto si será técnicamente posible como si no, en el futuro próximo, rebasar los límites tradicionales que nos definen como seres humanos, tenemos que empezar a pensar en el hombre con un enfoque abstracto. Ese es el viaje de investigación del alma de nuestra generación.

En ese proceso, supongo, tenemos que llegar a una comprensión bastante abstracta y universal de qué es el amor. De lo contrario no podremos hacer justicia a la manera increíblemente flexible en que la mente humana funciona, aprende y se desarrolla.

El amor no es solo físico, sino también, a falta de palabras mejores, espiritual. Es fácil de ver. La naturaleza espiritual del amor no es ninguna novedad. Ha existido siempre.

Muchos consideran a Ichiyō Higuchi una de las escritoras más importantes de los primeros años de la época moderna en Japón. De su gran obra, cabe mencionar el relato *Takekurabe*, traducido en inglés con el título *Growing up* por Edward Seidensticker y *Child's Play* por Robert Danly. [en castellano se titula *Crecer* en la versión de Paula Martínez Sirés, N. del t.]. En *Takekurabe*, Higuchi narra una historia de amor que termina incluso antes de empezar. En efecto, en muchas culturas, incluso en la japonesa, el amor se considera muy a menudo puro cuando no se consuma física o prácticamente.

¿Hacia qué formas de amor se dirigirán los hombres en el futuro? Para responder a esta pregunta, tenemos que pensar en el amor como algo abstracto, parecido a una fórmula matemática. No seremos capaces de hacer justicia a una época de inteligencia artificial y de exploración del espacio hasta que estemos dispuestos a ir más allá de las convenciones en cuestiones importantes como la vida y el amor.

Y en esta acción habrá que ser valientes. Arthur C. Clarke sostenía también que «cuando un científico ilustre pero anciano sostiene que algo es posible, tiene casi indudablemente razón. Cuando sostiene que algo es imposible, casi indudablemente se equivoca».

¿Quién puede decir que el amor con un robot es imposible? En el futuro, tal vez el amor supere las diferencias físicas y nos muestre lo que en realidad somos, de un modo que antes no habíamos sospechado nunca.

2

¿Tus emociones son artificiales?

Thomas Leoncini

John Bowlby fue un psicólogo y psicoanalista británico que con su teoría del apego madre-niño marcó, junto con Mary Ainsworth, gran parte de la psicología del desarrollo y de las relaciones interpersonales. El resumen básico es el siguiente: el apego madre-niño forma el prototipo fundamental de las relaciones futuras, en especial de las amorosas, pero sobre todo influye directamente en la personalidad primero del hijo y después de la madre, fomentando creencias y expectativas.

Hasta hace varios años, las palabras de Bowlby parecían irrefutables: «La forma de relacionarse la madre y el niño forma un sistema conductual integrado y proporciona al hijo la base indispensable para construir representaciones mentales duraderas de las relaciones con los demás (los modelos operativos internos)».

La psicóloga canadiense Mary Ainsworth simplificó después la cuestión y reformuló en clave más asequible (y sobretodo haciendo experimentos concretos sobre el terreno) las palabras de Bowlby. Clasificó el apego de los niños con estas etiquetas:

#seguro

Si el niño tiene la seguridad del cariño de la madre, ella puede salir de casa y poco después el niño logra distraerse.

#inseguro-resistente

Cuando la madre se va, el niño se desespera; incluso cuando ella vuelve, conserva el estado de tristeza porque no reacciona bien al consuelo. Se enfada, tiene escasa confianza y poco interés por el entorno. El niño se pregunta inconscientemente: «Si dejo que mamá se vaya, no sé a dónde irá, pero sobre todo corro el riesgo de que no vuelva a buscarme».

#inseguro-evitativo

El niño no confía totalmente en la madre; es muy avispado inspeccionando el entorno o jugando, incluso llega a olvidarse de la madre.

#desorganizado

Típico del niño que ha sufrido malos tratos, se retuerce y no mira a la madre a los ojos.

Muchos psicólogos son partidarios hoy en día de apoyar esos estudios, que indudablemente parecen muy lógicos.

Sin embargo, recientes estudios internacionales han analizado el apego en diferentes culturas y han demostrado que en la mayor parte del mundo los niños consiguen tener un apego seguro aunque se críen en grupo y sin madre.

De varias investigaciones se deduce que los niños cuanto más crecen junto con sus coetáneos, más seguro es para ellos el apego, independientemente de la presencia o la ausencia de la madre. Si estos estudios profundizan más, probablemente llegarán a demostrar que el concepto de «madre» (tal como lo entendemos nosotros) es una construcción social y que, si las sociedades se vuelven hiPerindividualistas a todos los efectos, el papel de los padres cambiará radicalmente y los hijos se podrán criar en grupos de coetáneos gestionados por «adultos de apoyo».

Los bebés probeta, las posibles clonaciones, la carrera hacia nuevas tecnologías médicas para ser madre incluso a sesenta años... hasta hace varios años parecían imposibles, pero hoy no nos escandalizan. Es más, consideramos que tener hijos es un derecho inalienable: por eso, si la ciencia y los medios de comunicación un día nos inculcaran a escala global que la crianza de los hijos debería llevarse a cabo sin los padres, no es tan increíble imaginarse que muchas sociedades lo aceptarían sin muchos escrúpulos.

No olvidemos que la costumbre es amiga de la inmunidad porque, cuando entra en juego, las sensaciones se vuelven menos intensas, alivia los dolores y los mezcla con la esperanza y el anhelo de cambios.

Este aspecto podría estar directamente relacionado con el tema de que hablamos, el amor y sus transformaciones, porque, si bien es cierto que la web y la tecnología están influyendo en el concepto de amor, por otra parte también la crisis actual de las familias, la disminución en Europa de la natalidad, están influyendo en la transformación de la imagen del niño.

Como escribió el filósofo francés Marcel Gauchet, «el hijo se ha transformado en el hijo del deseo, del deseo de tener un hijo [...]. Si antes el hijo hacía la familia, ahora la familia hace al hijo».

En el libro *iBrain*, el psiquiatra americano Gary Small escribe que el cerebro de quien crece en contacto con la web desde la infancia alcanza un «alto nivel» en comparación con quien no es nativo digital. En efecto, produce más neurotransmisores, desarrolla dendritas y conecta nuevas sinapsis. Parece, pues, incontestable una afirmación como esta: el ordenador personal influye en el cableado del cerebro (redes y circuitos cerebrales).

Small se ha preguntado en qué zona del cerebro podía ser y ha encontrado la respuesta en varios estudios. Ha llegado a la conclusión de que el ordenador influye en la corteza prefrontal dorsolateral. Sin entrar en demasiados detalles, se pueden resumir tres funciones de esta importantísima zona del cerebro:

- integra imágenes, sensaciones y pensamientos: es aquí donde tiene lugar la síntesis psicosensorial, dorsolateral;
- organiza las decisiones;
- funciona como la memoria de corto plazo, es un auténtico procesador en tiempo real.

Small, además, ha estudiado las actitudes adoptadas por los niños que aprendían a un usar un ordenador personal y se pueden resumir así:

- necesidad de conectividad: es como una adicción que crea dependencia y también ansiedad ante la idea de no estar siempre accesibles a los demás y de no poder contactar con quien se desee;
- el miedo de terminar y quedar desconectado puede llegar a ser una auténtica fobia, igual que el miedo de la oscuridad;
- mayor conciencia de sí: están convencidos de que pueden hacer más, que no tienen límites en la realización de nuevos contactos;
- incremento de la autoestima.

Se discute mucho sobre la actitud conservadora de los padres que, ante todas esas discontinuidades, para muchos de ellos espantosas, reaccionan prohibiendo a los hijos (niños e incluso adolescentes) que se conecten a la web. Es algo cada vez más habitual, sobre todo en Europa. Por lo menos aquí el debate sobre el tema es muy acalorado. Uno de los pretextos más habituales es vincular el teléfono inteligente (*smartphone*) y, por lo tanto, la web portátil con la causa de las distracciones escolares de los más jóvenes.

En Francia, a los estudiantes menores de quince años no se les permite el uso de teléfonos inteligentes ni de tabletas en los colegios.

En el Reino Unido, según datos que se remontan a 2015, el total de colegios que prohibían el uso de teléfonos inteligentes creció del 50 por ciento en 2007 a más del 90 por ciento en 2012. Según una encuesta de la sociedad de telecomunicaciones Telenor, el 40 por ciento de los estudiantes suecos no tiene ninguna posibilidad de usar el teléfono inteligente en clase. En Nueva York también estaba vigente la prohibición, pero los padres consiguieron abolirla porque querían contactar con los hijos durante el horario escolar.

La protección de los hijos es, muy a menudo, un pretexto para hinchar el ego de los padres, que acaban trazando claramente una prohibición.

Lo que sin duda necesita protección es la vida social, inmersa en el torbellino de la cara opuesta al amor: el odio.

El odio es un sentimiento natural para el ser humano, igual que el amor, pero con las redes sociales ha encontrado una nueva savia vital para difundirse y condicionar a las personas, sobre todo a los jóvenes. Los casos de ciberacoso están en el orden del día y vuelven un poco más amargo el espléndido aislamiento individualista (disfrazado de búsqueda de comunidad y pertenencia) que la web promete garantizar.

Ken Mogi

Se analizarán variantes e invariantes de lo que son los seres humanos y de cómo se espera que sean en el futuro. Al fin y al cabo, vivimos en una época de grandes cambios tecnológicos y sociales. No es evidente que la singularidad vaya a materializarse de verdad. Pero no hay duda de que nuestro mundo experimentará varios cambios no lineales. Lo que será el ser humano y sus sistemas de valores en los próximos años dependerá no sólo de la evolución de las tecnologías, sino también, y quizá todavía más, de cómo nos consideremos a nosotros mismos.

La imagen que el hombre tiene de sí mismo se ha modificado a lo largo de los años. Por consiguiente, también las relaciones humanas han experimentado grandes modificaciones. La relación madre-hijo, como hemos indicado, parece destinada a los mayores cambios.

Hoy en día la obra de John Bowlby es aún un clásico y sus intuiciones respecto a conceptos de gran importancia como el apego y la base segura también serán válidas en el futuro. Sin embargo, en los próximos años, cambiarán algunos aspectos concretos de la existencia humana y de sus relaciones. La incesante investigación empírica y teórica difundirá ideas innovadoras sobre la naturaleza de la existencia humana y su evolución, abriendo nuevos caminos a la exploración y a las actividades. Las nuevas tecnologías influirán en la manera de vivir y comunicarse, hasta redefinir lo que se entiende por base segura y apego.

Es importante subrayar que la madre es una entidad conceptual además de biológica. La mayoría de los niños se construyen un «modelo interno» de madre, así pueden conservar convicciones y apego incluso en los momentos de ausencia física de la madre. La madre puede ser una entidad universal y abstracta que nos apoya durante los momentos de evolución, desafío y exploración. Es posible tener una madre incluso cuando alguien es huérfano de madre en el sentido tradicional.

El libro *Por qué el mundo no existe*, del filósofo alemán Markus Gabriel, propone la visión del nuevo realismo, en que las entidades conceptuales existen con el mismo fundamento que las entidades físicas. En el contexto del nuevo realismo, una madre puede ser tanto una entidad conceptual como una entidad biológica. Un niño puede tener una «madre» aunque no tenga una madre biológica a su lado.

Una de las razones por las que el nuevo realismo está conquistando un número cada vez mayor de personas, especialmente los mileniales, puede ser la rápida expansión de las posibilidades humanas gracias a las nuevas tecnologías. Hoy en día, las entidades virtuales están consideradas igual de reales, o incluso más, que las entidades físicas.

Deberíamos crear nuevas formas de poner en relación a las personas más allá de los límites habituales. Criar un hijo ha sido siempre, por tradición, responsabilidad de los padres, con la ayuda de familiares. Ello ha originado una visión a menudo draconiana de lo que una madre debería o no debería ser. Esta ideología ha causado un fuerte estrés en muchas madres y ha alejado de ellas a muchos niños.

En general, en el pasado, muchas veces sucedía que algunos bienes y recursos de un individuo eran considerados deseables, y otros indeseables, o incluso ignorados, por quienes pertenecían a los círculos sociales «respetables».

En muchas culturas, frecuentar una buena escuela ha sido siempre un privilegio especial. Dado que la admisión a tales escuelas era limitada, la mentalidad general consideraba que quien había estudiado en ellas formaba parte de la élite, de los «elegidos». Quien no lograba entrar en dichas escuelas, se consideraba a sí mismo un fracasado, o se sentía así en su fuero interno sin manifestarlo en público.

Pues bien, la cultura del privilegio, basada en el número limitado de privilegiados, tiene que acabar. Al menos, aunque uno tenga la suerte de vivir en un buen ambiente, esa condición no debería ser vinculante ni mucho menos ejercer un dominio sobre uno.

Una vez visité el castillo de Windsor. Durante el viaje de retorno, casi por casualidad, pasé cerca de un centro de enseñanza y vi a los alumnos con uniformes impecables y una actitud y un aire que definiría como atildados y con mucha clase. Aquello me dejó una impresión indeleble. Más tarde me enteré de que era ni más ni menos que el Eton College, la famosa escuela masculina fundada en 1440.

Incluso para quien es escéptico por naturaleza, Eton representa el *non plus ultra* de la instrucción de calidad.

Debía ser bonito frecuentar el Eton College. Y también debía ser bonito seguir adelante y estudiar en

Oxford o Cambridge, como hace un tercio de los diplomados de Eton. Es muy importante, sin embargo, darse cuenta de que, en las condiciones actuales, frecuentar físicamente una buena escuela no es condición necesaria ni suficiente para alcanzar la excelencia, para tener la alegría de expresarse y de realizar su propio potencial.

En un pasaje memorable de *La doble hélice*, James Watson afirmaba que en Cambridge la mayor parte de las personas eran idiotas. Aunque las palabras del doctor Watson puedan ser exageradas, es importante señalar la discrepancia estadística entre excelencia individual e instituciones.

Siempre nos engañan factores como la madre (nacimiento y educación) y la escuela (instrucción). Si bien es cierto que esos factores desempeñan un papel importante en el mundo de hoy, ya no constituyen los factores determinantes en el desarrollo de una persona. Con el progreso de la tecnología, la posición de quien considera algunas condiciones como absolutas o socialmente vinculantes quizá ya no sea defendible. Que uno frecuente o no una buena escuela, ya no supondrá ninguna diferencia. El hecho de venir de un buen ambiente familiar ya no debería determinar lo lejos que uno puede llegar. Ese es, y debería ser, el mantra de la nueva civilización que estamos creando en este momento. Ese debería ser al menos el objetivo.

Si hablamos de la singularidad de la inteligencia artificial, ¿por qué no deberíamos hablar de la singularidad de la condición humana? Todo es posible. Todo debería ser posible. Lo que podremos obtener en el futuro tendrá como único límite nuestra imaginación. Y todos nosotros sabemos que las madres y las escuelas a veces pueden cortar las alas de nuestra capacidad imaginativa.

TL

Es muy significativa la conexión que haces entre la madre y la educación escolar. A lo largo de este libro ambos nos comportamos como robots que codifican informaciones (fragmentos de otras categorías de informaciones ya conocidas) y crean conexiones individuales que después se reflejan en algo más grande, algo que se puede compartir. Buscar el origen de esta capacidad significa afrontar inevitablemente la eterna fragilidad del ser humano.

En uno de sus libros más recientes, *Siete lecciones sobre el pensamiento global*, Edgar Morin ha escrito que «algunos biólogos han formulado la hipótesis que las miríadas de bacterias que componen el mundo bacteriano constituyen un gigantesco superorganismo en el aire, en el agua, bajo la tierra, sobre la tierra, que tal vez nos controlen sin que nosotros lo sepamos. [...] Estamos en un período que defino como prehistoria de la mente humana». Y Morin prosigue: «Nuestros antepasados, los *sapiens* de cromañón, no tenían herramientas muy avanzadas, pero tenían la misma mente, el mismo cerebro que Marx, Einstein, Miguel Ángel, Rimbaud, Hitler, Stalin...».

En relación con nuestro cerebro, el de los robots, en cambio (¿quién lo puede confirmar o desmentir mejor que tú, Ken?), es modificado constantemente, mejora en velocidad y en interacciones, es analizado e implementado sin cesar. Una cosa es cierta: desde que empezamos a interactuar constantemente con los robots y, más en general, con la tecnología, algo ha cambiado en nuestro cerebro. Algo ha cambiado hasta tal punto que ha generado en nosotros una auténtica dependencia de la tecnología.

En un reciente programa de la CTV de Vancouver, han divulgado los resultados de un estudio realizado por BC Hydro: las conclusiones indican que los usuarios de los teléfonos inteligentes podrían depender de sus aparatos más de lo que creen.

A los participantes les preguntaron a qué renunciarían si tuvieran que elegir entre perder el acceso al *smartphone* u otra cosa. Un cuarto de las personas comprendidas entre veinticinco y cincuenta y cuatro años declararon que renunciarían a ver a la pareja por un día, pero no a la pantalla del teléfono. Cuando se analizaron las respuestas de los participantes de cincuenta y cinco a sesenta y cuatro años, el porcentaje de los que renunciarían a la pareja fue de un tercio. Un quinto de los adultos entre veinticinco y treinta y cuatro años declaró, en cambio, que preferiría renunciar al sueldo de un día antes que estar veinticuatro horas sin teléfono, y un tercio de los entrevistados entre dieciocho y veinticuatro años dijo que renunciaría a calentar la casa un frío día de invierno, pero no al teléfono.

El 20 por ciento de todos los entrevistados admitió haber dormido con el *smartphone*, número que subió al 70 por ciento cuando solo se incluyó a los participantes entre dieciocho y veinticuatro años. Unos dos tercios de todo el grupo renunciaría al café de la mañana durante dos días si así se les permitiera conservar el teléfono o la tableta.

Es lógico suponer que esa fuerte dependencia, en constante aumento desde hace años, está condicionando profundamente, y sobre todo de forma implícita, la concepción de la realidad especialmente de los mileniales, porque han entrado en contacto constante con esas tecnologías en una edad evolutiva. Recuerdo una declaración de Elon Musk en la que afirmaba que la vida es, en realidad, un videojuego y que nosotros somos sin saberlo los protagonistas finitos del juego. Les puede parecer a muchos un chiste gracioso, pero si uno pasa más tiempo mirando una pantalla, en vez de estar al aire libre o interactuando con otras personas, entonces en su cabeza esta afirmación perderá poco a poco su carácter irónico.

Todo puede llegar a ser idealmente posible si está condicionado por la repetición constante. El ser humano, como demuestra la historia, se puede acostumbrar a creer cualquier cosa, siempre y cuando esta convicción también se difunda entre sus semejantes.

Por un lado, el nuevo realismo, como tú has comentado, y, por otro, la física cuántica resultan muy interesantes, en especial para muchos mileniales. Crece exponencialmente el número de mileniales que se interesa por esas disciplinas, las cuales tienen varios puntos comunes aunque puedan parecer en apariencia muy distantes.

Muchos físicos y científicos famosos han intentado definir el concepto de realidad. He recogido algunas citas célebres y las he catalogado con etiquetas:

#loselectronesnoexisten
«Si no son molestados por el observador, los electrones no son cosas, no existen ni en el espacio ni

en el tiempo, su existencia es meramente potencial. Surgen en una condición de existencia real pero provisional en el acto de medición, que es, por lo tanto, un acto creativo. […] En lo que respecta a las partículas que constituyen la materia, no parece que tenga ninguna finalidad considerarlas compuestas de alguna materia. Son, en cierto sentido, pura forma, nada más que forma; lo que se manifiesta de vez en cuando, en observaciones sucesivas, es esta forma, no un fragmento específico de materia.»

Erwin Schrödinger, Premio Nobel de Física (1933)

#laobservacioncrea

«Un electrón es una potencialidad inmaterial hasta el momento en que es observado.»

Max Born, Premio Nobel de Física (1954)

#lamateriaesforma

«Las unidades de materia más pequeñas no son, de hecho, objetos físicos en el sentido habitual de la palabra; son formas, estructuras o, en la acepción platónica, ideas, de las que se puede hablar de un modo no ambiguo solo en el lenguaje de las matemáticas.»

Werner Heisenberg, Premio Nobel de Física
(1932)

#nuevaideaderealidad

«La gente piensa siempre que, cuando decimos "realidad", nos referimos a algo que todo el mundo conoce claramente, mientras que para mí la tarea más importante y más ardua de nuestro tiempo es trabajar para la construcción de una nueva idea de realidad.»

Wolfgang Pauli, Premio Nobel de Física
(1945), carta a Markus Fierz, 1948

#laconcienciaconvierteenreal

«Solo la conciencia del observador convierte en real lo que no existe.»

Shimon Malin, 2011

#laimagennoesreal

«Ahora sabemos que la imagen del mundo que nos proporcionan los órganos de los sentidos, que sin embargo funciona perfectamente en la vida cotidiana, tiene poco que ver con la realidad. Lo que nos parece sólido e impenetrable es por regla general vacío. [...] Por consiguiente, nuestra definición intuitiva de la materia queda completamente deformada por los filtros que los órganos de los sentidos interponen entre un objeto y nosotros. Se trata de una definición esencialmente pragmática, basada en las informaciones que han resultado ser más útiles en la búsqueda de alimentos, en la lucha contra los depredadores y para el éxito de la reproducción. Como herramientas de conocimiento, esas informaciones casi carecen de valor.»

Christian de Duve, 2002, Premio Nobel de Medicina (1974)

Lanzo una última pregunta que es una provocación: ¿la realidad podría ser de verdad una transposición inconsciente diferente de la imaginación solo porque la imaginación es transposición consciente? Imagino, luego pienso, luego razono. Lo que veo, en cambio, es por regla general inconsciente, no dominable.

La muerte es, sin lugar a dudas, el más indominable de los miedos, de las realidades inconscientes. ¿Se liberará alguna vez el hombre del miedo a la muerte? ¿Pueden los robots tener miedo a la muerte?

KM

Sí, el hecho de que algunas personas (¿o quizá la mayoría?) den más valor a un teléfono que a los amigos o a los familiares es algo turbador y da que pensar.

Al menos se dice que, con la llegada de las nuevas tecnologías como Internet y la inteligencia artificial, la naturaleza humana está cambiando. Tradicionalmente el amor ha sido siempre algo corpóreo. Ahora el amor y las relaciones interpersonales pueden ser entidades muy abstractas.

Lo que has escrito me ha dado la idea de preguntar a algunos amigos cuán importante es para ellos el *smartphone*. Me han confirmado que preferirían renunciar a estar con las personas amadas o con los familiares con tal de no separarse del teléfono. Para ellos tiene sentido la idea de no tener comida pero poder acceder al teléfono. La mayoría de ellos ha admitido que se acuestan con el teléfono cerca. El *smartphone* está sustituyendo a las amistades y la familia por una corporeidad mínima. Y no olvidemos que estoy hablando de personas muy instruidas, sofisticadas y respetables.

Se empieza a tomar cada vez más en serio el llamado poshumanismo o transhumanismo. [2] El *Zeitgeist*, el espíritu de la época, también se pone de manifiesto en la cultura popular. Hace poco alguien colgó en Internet el vídeo de un hombre que afirmaba venir del año 2045 valiéndose de una máquina del tiempo. Aunque el vídeo era claramente un disparate (¡de lo contrario estaríamos arreglados!), el parecer que expresaba el viajero del tiempo tenía mucho que ver con nuestras inquietudes inconscientes respecto al presente. En el vídeo, el hombre sostenía que en 2045 los hombres y las máquinas se habrán fundido y que ya no existirá el ser humano tal como lo conocemos nosotros.

El contexto en que está inmersa la humanidad cambia rápidamente. Por eso ahora tenemos miedos que son casi primordiales. El futuro de la humanidad está envuelto de niebla. Nos podremos transformar y no necesariamente para mejor. También se perfilan escenarios

---

2. Movimiento social y filosófico dedicado a promocionar la investigación y la creación de tecnologías para la potenciación humana.

de pesadilla, y el que la gente prefiera los teléfonos a las personas podría ser un suave anticipo de lo que nos espera.

Algunos sostienen que la singularidad es inevitable. Y yo estoy bastante de acuerdo. Al menos en varios ámbitos de la actividad humana, llegará el día en que la inteligencia artificial superará las habilidades humanas.

No digo que consiga igualar y luego superar todo el conjunto de las capacidades del cerebro humano. Probablemente no se llegará nunca a esto. Lo que sucederá, en cualquier caso, es que se implantará y entrará a formar parte de nuestra vida, en todos sus aspectos, un nuevo mundo de funciones alternativas, no soñado nunca por el cerebro humano.

La inteligencia artificial, por ejemplo, ya ha superado nuestra capacidad de memoria, de cálculo y de reconocimiento de patrones. Tecnologías como el LIDAR (una técnica activa de *remote sensing* que permite determinar la distancia de un objeto o de una superficie mediante un impulso láser) ofrecen herramientas de medición del espacio y el tiempo que van más allá de lo que son capaces de realizar con sus facultades neurológicas los seres humanos.

Creo, a este respecto, que las personas que tienen el *smartphone* en la mano lo hacen para sentirse protegidas.

El teléfono queda bien en la mano y ofrece una base segura para explorar el vasto mundo. En efecto, los *smartphones* son amantes y amigos, de maneras extrañas y abstractas.

Hace tiempo, un adolescente me explicó con mucho entusiasmo que Ruby Kurosawa, un personaje del anime *Love Live!*, para él lo era todo. Decía que las ilustraciones y las animaciones o la voz de la actriz que interpretaba al personaje no tenían nada que ver con Ruby Kurosawa. Aunque no se expresara con esas palabras, afirmaba que Ruby Kurosawa era una habitante del mundo platónico. Él era un chiquillo normal, si bien, como se puede suponer, un poco *nerd*, pero no se salía del modelo habitual de los estudiantes de hoy. En otras palabras, ese es el *Zeitgeist* del mundo de hoy.

La relación entre la inteligencia artificial y la humanidad se parece bastante a la legendaria carrera entre Aquiles y la tortuga. Aquiles corre veloz, mientras que la tortuga se mueve lentamente. Al final Aquiles la atrapa, pero ella se mueve, aunque lentamente. La tortuga también puede desplazarse de lado y salir del trazado de la carrera.

Así, cuando el Aquiles de la inteligencia artificial persiga a la tortuga de la humanidad, ¿el hombre tendrá en la mano bien agarrado un *smartphone* mientras intente vencer o esquivar de lado al veloz Aquiles? ¿El amor humano, sentimental o de otro tipo, quedará transformado, en este proceso, hasta volverse irreconocible? Todavía hemos de descubrir qué ocurrirá.

¿Y el Aquiles de la inteligencia artificial eliminará toda la corporeidad de la existencia humana, del amor y de la amistad? Una vez liberados de la corporeidad, ¿aún tendremos miedo a la muerte? Cuando la presencia material ya no tenga importancia, ¿aún seremos capaces de amar? Ahora bien, como describe a fondo la ópera *Tristán e Isolda*, existe una relación muy íntima entre amor y muerte, mediante una corporeidad que hoy no está de moda.

¿O seremos todos como el chiquillo que ama a Ruby Kurosawa en el mundo platónico?

Querido Thomas, ¿qué piensas de todo esto?

TL

De tus palabras surge un dato muy evidente desde un punto de vista ideológico: como género humano, en la concepción de nosotros mismos, nos estamos volviendo cada vez más «abstractos». Individualistas y abstractos. Cuando te preguntas si el amor podrá seguir llamándose amor, una vez desvinculado de toda presencia material, planteas una cuestión que probablemente nuestros descendientes profundizarán con gran interés.

Y la raíz de esa aparente contradicción se encuentra, en realidad, en nuestra concepción secular del «amor». Incluso el amor sentimental se basa en una aparente paradoja de inmaterialidad; imaginémonos un diálogo entre el marido y la mujer en que uno de los dos dice al otro: «¿Sabes qué? Te amo porque eres inteligente, porque eres guapo, porque eres rico, porque haces la cama todas las mañanas, porque nos gustan las mismas series de televisión, porque lavas los platos».

A primera vista da la impresión de que todo es perfecto, la declaración parece cordial, pero en realidad es muy decepcionante para el concepto de amor. Si, en el transcurso del mes siguiente, el amado empezase a contar chistes malos, envejeciera de golpe, o perdiese dinero, o dejara de hacer la cama, ¿entonces el amor disminuiría? ¿O se evaporaría? Declaraciones como esta, en el fondo, vinculan el amor con cosas materiales y no nos hacen sentir amados porque todas las personas buscamos otro tipo de amor: el incondicional.

Y el amor incondicional es una elección, una fe.

Toda persona, para sentirse amada de verdad, debe sentirse «elegida», como si hubiera sido escogida por el dios interior de quien ama. Paradójicamente, cuanto menos merecida es la elección, más corrobora uno que es amado.

Nos podríamos atrever a pensar que el amor verdadero es un defecto.

La declaración citada poco antes, que en una primera lectura daba la impresión de estar cargada de amor eterno, supongo que, al releerla, tomará un cariz diferente. He aquí otra declaración: «¿Sabes qué? Te amo aunque no seas muy inteligente, aunque no seas guapo, aunque no seas rico, aunque no hagas la cama todas las mañanas, aunque nos gusten series de televisión muy diferentes, aunque solo yo lave los platos». ¿Cuál de las dos hace que uno se sienta más amado?

Una de las historias más significativas de la Biblia es la que narra la elección de David, rey de Israel, un hijo olvidado incluso por su padre, Jesé de Belén: lo eligió Dios al margen de cualquier criterio humano. El profeta Samuel (1 S 16,7) cuenta que el Señor dijo: «No te fijes en su apariencia ni en lo elevado de su estatura [...]. No se trata de lo que vea el hombre. Pues el hombre mira a los ojos, mas el Señor mira el corazón».

David representa una de las figuras más completas del amor incondicional. Esta historia nos sugiere que para que uno se sienta amado de verdad hay que escindir las acciones de la esencia humana y profunda, hay que convertir el amor entre seres humanos en una elección y tener la tenacidad y la fe para seguir amando.

Probablemente como género humano tropezamos cada vez con más dificultades para amar incondicionalmente porque estamos «condicionados» continuamente por esquemas mentales adquiridos que solo fomentan nuestra utilidad inmediata. Estamos acostumbrados, como cuando utilizamos el teléfono inteligente (al menos una media de cinco horas al día) para buscar soluciones sencillas e inmediatas a cualquier pequeña pregunta. Muchas veces nos conformamos con la primera respuesta para poder pasar rápidamente a la siguiente y acabamos teniendo siempre más preguntas a las que responder, pero la mayoría no sirven para satisfacer nuestras necesidades más auténticas y profundas. Por lo tanto, en cualquier disputa con una persona, tendemos a descartar las soluciones que pueden requerir un largo recorrido de valoración y de análisis para dejar espacio a una drástica toma de posición que polariza rápidamente nuestras decisiones.

Somos esclavos de la concepción «o es blanco o es negro». El amor incondicional, en cambio, es tensión, una espera que respeta las zonas grises y vive más profundamente la provisional coloración blanca o negra. El mayor riesgo para las generaciones actuales y futuras es que, precisamente por estos motivos, trasladen el sentirse amados incondicionalmente solo a las máquinas, es decir, a todos los objetos técnicos que no solo tienen siempre las respuestas, sino que estimulan continuamente nuevas preguntas inútiles, embaucando a quien los usa con el espejismo de tener todas las respuestas al alcance de la mano. El amor en pareja, por lo tanto, se puede vivir como el sustituto de un amor «mecánico» que, en cambio, nos hace creer erróneamente que somos los elegidos.

Todo ello va acompañado del aumento exponencial de los precios de las grandes invenciones robóticas: cada vez menos elegidos se podrán permitir el lujo de tener un robot de última generación que pueda amarlos de verdad; así se podrá sustituir la fatiga de una conquista sentimental por una conquista económica, definiendo el amor como algo que se compra oficialmente y se puede administrar según los propios deseos sin dar explicaciones a nadie.

Me ha hecho reflexionar mucho el papa Francisco cuando en nuestro libro *Dios es joven* dice que hay que observar con atención la actual afición exagerada por los animales de compañía, ya que crea «una relación en una sola dirección en la que uno es perdonado siempre y en todas circunstancias y puede hacer cualquier cosa. Todo esto no tiene nada que ver con el amor por los animales, que es noble y, por lo tanto, es otra cosa».

Con estas palabras, el papa Francisco no solo demuestra su amor por los animales, sino que también nos invita a reflexionar sobre el mecanismo psicológico que regula nuestra relación con ellos.

El animal, aniquilada su libertad y convertido en esclavo del amor egoísta incondicional del «dueño», se acerca al ideal del robot, de la máquina que, en un futuro muy próximo, podría sustituir el amor incondicional humano por el de la máquina.

KM

¡Es interesante reflexionar sobre la condicionalidad del amor!

Cuando se elige una pareja, se tienen en cuenta muchas cosas. Al fin y al cabo, podría ser la decisión más importante en la vida de un ser humano, al menos desde el punto de vista de la genética. Y está estrechamente relacionada con el concepto de «fitness» en la biología evolutiva.

Pero, como insinúas tan cándidamente, parece que en cierto modo quedamos turbados cuando alguien dice que nos ama por nuestros méritos. Deberíamos alegrarnos de que nos aprecie. Y, sin embargo, la mayoría de las veces nos sentimos incómodos, incluso decepcionados, y a veces también insultados.

La intuición clave es que no vinculamos necesariamente nuestra existencia personal a los méritos que tenemos. Uno puede ser una nulidad, con pésimos resultados en la vida y, a pesar de todo, ser amado. En este caso, podríamos considerar que se trata de amor verdadero, que respeta la individualidad del otro. ¡Una auténtica paradoja!

Tomemos, por ejemplo, a Rodión Raskólnikov, de *Crimen y castigo*, la novela de Fiódor Dostoievski. Comete un crimen terrible siguiendo su visión insensata del mundo, cegado por la ideología; recibe un justo castigo y se arrepiente. A pesar de su terrible condición, Sofia Semiónovna Marmeládova, obligada a prostituirse a causa de la pobreza, ama a Raskólnikov. El lector se dará cuenta de que el de Sofia es un amor verdadero porque ella poco puede ganar, en el aspecto material y social, de un criminal tan disoluto. Si Raskólnikov fuera un empresario de éxito con un montón de dinero y óptimas perspectivas de ascensión social, el amor de Sofia no resultaría tan auténtico.

Es sin duda significativo que se considere que el amor es auténtico cuando alguien se enamora de otra persona prescindiendo de todos los inconvenientes y obstáculos. *El Mesías* de Händel contiene un pasaje precioso sacado del libro del profeta Isaías (Is 53, 3): «Despreciado y evitado de los hombres, como un hombre de dolores, acostumbrado a sufrimientos». Fue una idea genial ofrecer una descripción tan dramática de Jesús, desde el punto de vista de la naturaleza del amor verdadero. Huelga decir que la Biblia es un libro que habla de amor.

El amor materno es, al parecer, incondicional. La madre, prescindiendo de las características del niño, le dedicará siempre un amor sin límites. Porque no tiene ninguna otra opción. Un hijo es un hijo.

Las neurociencias han demostrado que, cuando la madre mira al hijo, la actividad del cerebro ligada a la inteligencia maquiavélica queda anulada. En este caso, por «inteligencia maquiavélica» entendemos las actividades cognitivas que valoran las informaciones relativas a una persona, sopesan los pros y los contras y al final deciden si aceptar o no a una persona como amiga, colega o amante.

El amor de la madre por el hijo no es maquiavélico. Acepta a la persona en su totalidad. El amor de Sofia en *Crimen y castigo* es parecido al amor de una madre. En la trama de tonos sombríos de la novela, la pureza de Sofia, a pesar de una vida llena de suciedad y pobreza, es un resplandeciente rayo de sol que rasga nubes densas y oscuras.

La incomodidad que sentimos ante la condicionalidad del amor parece ser equiparable a la incomodidad que experimentamos cuando alguien nos valora después de una acción que nos interesaba mucho. Este aspecto concreto de la psicología del amor tendrá un papel cada vez mayor en el futuro, entre otras razones porque hay muchos retos éticos planteados por el desarrollo de la tecnología e intrínsecamente ligados a las relaciones con las demás personas: en otras palabras, al amor por el prójimo.

Una cuestión importante en la investigación para desarrollar vehículos con conducción autónoma es el famoso dilema del vagón de tren. ¿Es éticamente aceptable desviar el recorrido de un vagón de tren si así se salva la vida de cinco personas pero se sacrifica una? Existen distintas variantes de esa situación hipotética y, al parecer, los niveles de aceptación o rechazo ético varían en función de los detalles que se dan.

El problema del vagón de tren saca a la luz potenciales dilemas éticos en el diseño de vehículos con conducción autónoma. Por ejemplo, ¿cuál sería la modalidad de conducción aceptable si, supongamos, un niño echara a correr de improviso delante de un coche en medio de la calle? ¿El coche giraría bruscamente para esquivar el niño aunque esto significase poner en peligro la vida de los ocupantes del vehículo?

Los ingenieros, cuando diseñan coches con conducción autónoma, tienen que ser exactos en lo que respecta a la función de valoración que han de adaptar. El ingeniero que es poco exacto respecto a las condiciones y los valores aplicados en el diseño del coche no es un buen ingeniero.

Ahora bien, en el momento en que tengamos que considerar las sensaciones experimentadas al conocer la información relativa al comportamiento de un coche con conducción autónoma, seguro que hablaremos de confusión y ambigüedad. Nos sentiremos más cómodos si las reglas adoptadas por el coche con conducción autónoma no son claras. En cierto sentido, querremos ser hipócritas. En el fondo del corazón, todos desearemos vivir como egoístas, pero sin exponer claramente los principios en que se basa nuestra conducta. Por ejemplo, alguno podría ser tan egoísta que desearía que el diseño del coche con conducción autónoma priorizara la seguridad de los ocupantes, y no tuviera en cuenta los daños que podría causar a peatones u otros pasajeros. Sin embargo, no sería una buena idea revelar explícitamente la función de valoración aplicada, pues en cierto modo iría en detrimento de la conciencia incluso de las personas más egoístas.

Cuando se habla de amor, a muchos les gusta la palabra «romántico». Lo que nos dice este venerable adjetivo es que algún aspecto esencial de la cuestión sigue envuelto en la niebla, aunque entre bastidores podría existir un cálculo maquiavélico.

Has planteado la cuestión del amor por los animales. En este contexto, en el amor por los animales intervienen oscuros procesos subjetivos, en los que quien ama y quien es amado no son conscientes de tal afecto. En cambio, cuando se trata de inteligencia artificial y de robots la función de valoración es siempre explícita, excepto naturalmente cuando subsisten acontecimientos casuales. E incluso en la hipótesis de que se tratara de casualidad, el programa de la inteligencia artificial o del robot comunicaría explícitamente cómo y cuándo la determinación estocástica define el comportamiento del agente.

Siguiendo este razonamiento, se podría pensar que la ignorancia o al menos la percepción de una parte de incertidumbre es esencial en algunas formas de amor y de paz mental. La ignorancia purifica el amor. Dado que la muerte es una de las mayores incertidumbres (y misterios) para nosotros, parece natural que amor y muerte estén estrechamente relacionados.

TL

En efecto, siguiendo tu agudo razonamiento, es como si la ignorancia, y más en general la incertidumbre, tendieran a purificar y sobre todo a justificar un amor profundo. Aunque hablar de justificación (a través de la toma de conciencia de la incertidumbre) puede parecer una paradoja extraordinaria.

Ahora bien, ¿el motor de nuestra vida no es precisamente tratar de justificar las paradojas (y, por lo tanto, el constante movimiento en la nebulosa existencia humana a la que intentamos dar un significado día tras día?). También aquí el amor se adaptará con orgullo a la vida líquida moderna, privilegiando lo que no se puede justificar conscientemente en vez de lo que se ve y se percibe.

El filósofo Jean Baudrillard, en el libro *La transparencia del mal. Ensayo sobre los fenómenos extremos*, escribe: «Si tuviera que caracterizar el estado actual de las cosas, diría que es el de después de la orgía. La orgía es el momento explosivo de la modernidad, el de la liberación en todos los ámbitos [...] todas las finalidades de la liberación ya están detrás de nosotros». Hemos terminado los objetivos que había que liberar y, por consiguiente, comenta Baudrillard, «aceleramos en el vacío».

También Lewis Carroll, en *A través del espejo*, el libro para niños más inquietante que se haya publicado nunca, escribe: «Aquí, en cambio, debes correr más de lo que puedes para permanecer en el mismo lugar». La modernidad ha declarado ilegales, y además ofensivas, las limitaciones; por consiguiente, como ha insistido muchas veces Zygmunt Bauman, «la mortalidad, ofensa suprema a la omnipotencia humana, era la limitación más eminente. [...] La modernidad ha deconstruido la mortalidad invencible en una serie de aflicciones que se pueden vencer. Los proyectos modernos han descompuesto la beatitud final —que es improbable que se pueda saborear en breve tiempo— en una secuencia de pequeños beneficios que se puede esperar gozar mañana. Siempre mañana, no hoy» (*Mortalidad, inmortalidad y otras estrategias de vida*). De ahí deduzco el vínculo inseparable entre amor y muerte. El amor incondicional, esencia misma de la incertidumbre de la causa, ¿cómo puede no estar relacionado con lo que más profunda e inciertamente caracteriza la existencia de todos los seres vivientes?

La muerte atrae, al igual que el amor, pero el concepto de la muerte está cambiando radicalmente: en la época sólida de la modernidad podía constituir paradójicamente un objetivo, un desenlace, una necesidad que había que mirar para dar un sentido profundo a la vida terrena y dejar orgullosamente a los descendientes el fruto del propio trabajo terreno, construido minuciosamente paso a paso. Hoy en día la muerte es un estorbo que minimizamos, un pensamiento al que solo dedican tiempo los locos; la muerte es un problema que ya no existe en este mundo precisamente porque ha sido fragmentado en muchos otros problemas pequeños, para los que creemos erróneamente que existen soluciones prácticas y en los que, sin embargo, «pensaremos mañana».

No hoy, sino mañana.

Y es aquí que el presente pierde peso, pierde capacidad de proyectar, pierde sentido, y se acaba viviendo cada día muchas vidas diferentes, muchos nuevos inicios que no encontrarán nunca conclusiones lógicas.

La muerte y el amor son dos caras de la misma medalla. Se habla a menudo solo del lado romántico del amor, nunca del lado romántico de la muerte, y esto porque somos pueblos modernos que han enterrado, junto con la búsqueda del progreso entendido como *telos*, también la sabiduría. Hablar de la muerte no significa hablar de las arrugas del envejecimiento, a través de las cuales penetra una energía oscura y misteriosa que descompone lentamente nuestros cuerpos: esa es la parte concreta de la muerte, hecha de materia, limitada a las descripciones de los médicos forenses. Hablar de la muerte es hablar de inmensidad, es buscar la inmensidad, es hablar de absoluto. Estamos acostumbrados a hablar solo del amor en términos de inmensidad y de absoluto, nunca de la muerte.

Sin embargo, hablar de la muerte es hablar del mundo sin necesidad de formar parte de él. Es hablar de lo que hemos perdido. La libertad de hablar de la muerte es sabiduría.

La misma filosofía, según la definición de Epicuro, uno de los más influyentes filósofos de la Grecia antigua, nació para demostrar al ser humano que es totalmente inútil temer a la muerte. Así pues, no solo en el origen de esta «disciplina» se podía hablar públicamente de la muerte, sino que también había que investigar sobre ella.

La filosofía de Epicuro se propone curar el alma demostrando lo absurdo que es el miedo a la muerte. Epicuro distingue tres grandes miedos humanos: la muerte, las divinidades y el dolor. Para curar el primero, afirma que, cuando la muerte se presenta, nosotros ya no existimos. ¿Por qué, pues, temer algo que, cuando llegue, nosotros ya no estaremos allí? Para curar el temor de los dioses, sostiene que «ellos» sienten una total indiferencia por los hombres, la historia lo confirma, y que son las supersticiones las que nos hacen creer que los dioses interactúan con nosotros, los humanos. Para resolver el miedo al dolor físico, Epicuro habla de aponía. La define como ausencia de dolor físico y la contrapone a la ataraxia, que para él es la ausencia del dolor del alma. La aponía se alcanza fácilmente mediante un razonamiento de este tipo: si el dolor es fortísimo durará poco, porque después llegará la muerte; si el dolor es débil, pasará pronto.

Releer hoy a Epicuro puede parecer (a algunas mentes que se autodefinen refinadas) un poco demasiado simplista, pero al menos garantiza a la filosofía su papel natural: hablar de temas reales, populares, que todo el mundo se plantea, para buscar nuevas claves de interpretación útiles y comprensibles, a veces discutibles: en pocas palabras, gracias a pensadores como Epicuro ha sido posible suscitar debates capaces de interesar casi a todos. En nuestro entorno y en nuestra época, el debate público es principalmente un círculo cerrado con un metalenguaje hermético, alejado de los problemas reales de la gente.

El amor es uno de los pocos temas que ha sobrevivido, capaz incluso (y en nuestra época es algo excepcional) de alimentar auténticos debates filosóficos.

KM

He seguido tu razonamiento, que es muy interesante, mientras escuchaba una interpretación magistral de *El Mesías* de Händel.

A lo largo de los años he escuchado este oratorio muchas veces. Me impresionó muchísimo el concierto en el Royal Albert Hall de Londres. El director era el gran violinista Yehudi Menuhin, quien por desgracia falleció pocos años después de ese concierto.

En esta conversación ya he mencionado *El Mesías*. En relación con tu tesis sobre el amor y la muerte, me gustaría citar un pasaje concreto de la tercera parte de *El Mesías*, cuando el bajo canta: «Mirad, os voy a revelar un misterio: No todos moriremos, pero todos seremos transformados. En un instante, en un abrir y cerrar de ojos, cuando suene la última trompeta. Porque es preciso que este cuerpo que es corruptible se vista de incorrupción, y que este cuerpo que es mortal se vista de inmortalidad».

Estas palabras, huelga decirlo, son de la Primera Carta a los Corintios, en el Nuevo Testamento.

He leído en alguna parte que Händel lloraba mientras componía las partes más conmovedoras de *El Mesías*. Siempre he sospechado que el fragmento que acabo de citar era uno de estos, aunque no lo sé a ciencia cierta. Hay cosas, en la vida, que es mejor dejarlas tal como están, con toda su ambigüedad, como el motivo por el que una persona te ama.

En cualquier caso, en este pasaje se describe de una forma muy bella y poética el hecho de que todos estamos destinados a morir, pero que el Día del Juicio las trompetas sonarán y todos seremos inmortales (al menos lo serán los justos de entre nosotros). Un pasaje en particular me conmueve: «Que este cuerpo que es mortal se vista de inmortalidad». Según mi interpretación, el adjetivo «este» representa la encarnación: el hecho de que cada uno de nosotros es un individuo único, diferente de todas las demás personas del mundo.

El enfoque occidental de la mortalidad y la inmortalidad se basa, en efecto, en una distinción muy clara entre los dos estados. Porque ser mortal es cualitativamente diferente de ser inmortal, y el paso de un estado (mortalidad) al otro (inmortalidad) es un momento muy emotivo, al son de la última trompeta.

En Oriente no se ha dado nunca una distinción tan clara, al menos en Japón no. Es algo muy interesante, pues en algunos textos de la literatura clásica china se dice que Japón es la isla donde se encuentra la poción mágica para la inmortalidad. Y resulta que en la isla donde debería esconderse el secreto de la inmortalidad, al menos según la tradición china, a la gente no le importa nada la inmortalidad. Porque en Japón tradicionalmente se considera que todo es efímero y está en mutación continua: es imposible escapar de la condición efímera. Deberíamos aceptar el carácter efímero de las cosas y la mortalidad y alegrarnos inmensamente de ello.

Así pues, la manera tradicional de enfocar la vida, en Japón, ha sido siempre la de Epicuro. La visión epicúrea de la vida coincide con la tradición japonesa, hasta nuestros días.

Siempre hemos creído que todo es transitorio. Incluso el amor.

En *La historia de Genji*, el príncipe y la princesa que se enamoran el uno de la otra no se declaran nunca amor eterno. La misma idea de amor eterno les resultaría extraña. No es que los enamorados fueran voluntariamente frívolos, sino que siempre se ha creído que las emociones del amor son por su propia esencia transitorias y efímeras. No se podía dar nada por supuesto.

Cuando el príncipe Hikaru Genji, protagonista de *La historia de Genji*, se enamora de una princesa, ello implica que se comporta honradamente, pero no significa necesariamente que estará enamorado de la princesa para siempre o que se mantenga fiel a su amor, excluyendo otras oportunidades amorosas que puedan presentarse. De hecho, la verdad era lo contrario. Era bastante posible, por la propia naturaleza del amor, que el príncipe Hikaru Genji se enamorase de otras princesas, pese a estar locamente enamorado de una mujer maravillosa.

La novela la escribió una mujer, la legendaria Murasaki Shikibu, lo que demuestra que *La historia de Genji* no es el fruto de las fantasías de amor libre de un hombre. Era una descripción bastante realista de la psicología humana, vista por una de las más grandes escritoras de todos los tiempos.

Hay que señalar, además, que, en la época en que Murasaki Shikibu escribió *La historia de Genji* (alrededor de 1021), la esperanza de vida de las personas era breve. Era habitual ponerse enfermo y morir de repente, sin haber tenido síntomas. Por lo tanto, aunque las historias de amor fueran frívolas, el lúgubre telón de fondo era la siempre presente posibilidad de la muerte, que ni el príncipe ni la princesa podían evitar, a pesar de su rango social.

En la sociedad que tenía una percepción de la vida de este tipo surgió todo un sistema de valores y sensibilidades. El famoso concepto estético *mono no aware* (el *pathos* de las cosas) se refería a la convicción y al hecho de que en la vida todo cambia constantemente, es efímero y no hay ninguna garantía que algo pueda ser eterno ni estable. Y aquí radica el motivo por el que nuestras emociones arden en la maravillosa fugacidad del aquí y ahora.

Para los japoneses, pues, el lema *carpe diem* («aprovecha el día») era algo tan natural como respirar.

Volviendo a la interpretación de *El Mesías* en el Royal Albert Hall, recuerdo que Menuhin, en el momento de iniciar la segunda parte del oratorio, vio a una familia con niños pequeños que volvía a sus asientos. El director detuvo la batuta a medio recorrido y permaneció inmóvil durante casi un minuto, hasta que se hubo sentado la inoportuna familia que llamaba la atención.

En aquel instante Menuhin bajó la batuta y empezó a sonar la bellísima música. Fue un momento mágico.

Aún disfruto recordando aquella maravillosa interpretación de *El Mesías*. ¡Lo efímera que fue y que es! Aquel día memorable ha quedado indeleble en mi memoria, pero aquel momento no volverá más. Menuhin por desgracia ya no está entre nosotros. Y dentro de algunas décadas yo tampoco estaré aquí. Y el recuerdo de aquella interpretación de *El Mesías* habrá desaparecido para siempre. En la vida todo es efímero. El amor y la muerte bailan el tango de la vida al son de la mutación continua.

Y precisamente porque la vida es en su esencia efímera, en Occidente, en Oriente y en todos los lugares del universo, una bella combinación de poesía y música como *El Mesías* de Händel nos toca la fibra sensible, mientras la vida sigue adelante con sus planes.

3

¿Seguro que no te ha acosado ningún robot?

Thomas Leoncini

Existen fenómenos que, como tú dices, están indisolublemente ligados, en todas las partes del mundo y en todas las culturas, al «aquí y ahora». La muerte es un concepto que remite a su opuesto natural: la vida. La vida que hay que vivir «aquí y ahora» para huir del pensamiento de la muerte. Cuando vinculamos el amor con el concepto del «aquí y ahora», ¿en qué porcentaje lo vinculamos con su opuesto, el odio? El filósofo rumano Emil Cioran, en el libro *Silogismos de la amargura*, escribió: «Si tengo la desfachatez de creerme en posesión de la verdad es porque nunca he amado nada sin a la vez odiarlo». A menudo no somos conscientes de lo vinculado que está el concepto de amor con el de odio. Para muchísimas culturas, no me atrevo a decir todas, el embarazo es un acto de amor, un acto de amor que la madre ofrece al hijo y a la pareja, pero también un acto de amor que el hijo, al nacer, debería hacer para la madre y la familia. Un amor, pues, que debería ser «total».

Si Freud en una época relativamente reciente, en cierta medida, «desenmascaró el amor genital» al definirlo como narcisismo más que como generosidad y abnegación, sin duda el psicoanalista inglés Donald Winnicott fue más lejos. En efecto, Winnicott, en el famoso artículo titulado *El odio en la contratransferencia*, de 1949, analizó el odio materno hacia el niño y escribió que «la madre, en definitiva, odia al hijo». Según sus estudios, todavía muy actuales, por ejemplo en psicología dinámica, la madre, durante el embarazo, se percata del peligro que existe para su cuerpo, y el nacimiento del hijo supone una interferencia consciente en su vida privada, pero sobre todo un reto a su ocupación anterior. El odio innato hacia el hijo también se debe, siempre según la teoría de Winnicott, a que la madre experimenta una posterior separación-individuación en relación con su propia madre (es decir, la abuela del *nasciturus*).

Recientemente, el papa Francisco me ha hecho reflexionar sobre lo innato que es en el ser humano sentir odio. Al contarme un episodio de la Biblia, la historia de los gemelos Esaú y Jacob, el santo padre me habló precisamente de la agresividad en términos de una necesidad para el ser humano. La madre de Esaú y Jacob, cuando los tenía en el vientre, ya notaba que los dos luchaban para dominar el uno al otro. Durante toda su vida se pelearon sin cesar, fueron enemigos, después amigos, luego otra vez enemigos. El primero en nacer fue Esaú, después Jacob. La herencia y la bendición de Isaac correspondían, pues, por derecho, a Esaú, según la ley de la primogenitura. Pasaron los años. Esaú era un joven alto y fuerte como un roble; Jacob, en cambio, era enclenque y dócil. Esaú era un experto cazador, pero Jacob no. Un día Jacob estaba preparando un potaje de lentejas. Llegó Esaú del campo, cansado y hambriento. Dijo a su hermano: «Dame un bocado de ese potaje, pues estoy agotado». Jacob aprovechó la ocasión. Quería tener la primogenitura. Deseaba ardientemente recibir la bendición de Isaac. Entonces dijo a su hermano: «Te daré de este potaje si me vendes ahora mismo tus derechos de primogenitura». Esaú replicó: «morirme estoy muriendo de hambre, ¿de qué me sirve la primogenitura?» Y Esaú vendió su derecho de primogenitura (bajo juramento al hermano gemelo) por un plato de lentejas. ¿Cómo se puede llamar este comportamiento sino odio? Hoy, tal vez, teniendo en cuenta que se desencadenó en una edad precoz (a las pocas semanas de gestación), se le llamaría «acoso».

Existen amores sentimentales que viven y proliferan en medio del odio, amores que crean auténticas zonas de confort, construidas con la fuerza de arrastre de la costumbre y fecundadas con los malos tratos en vez de con gestos amorosos. Se habla a menudo de «círculos viciosos» para definir esos amores inexplicables a los ojos de quien los observa, pero en apariencia indispensables para quien los vive. La costumbre es una droga que crea adicción: logra transformar, con el tiempo, casi todas las concepciones, por abstractas que sean. Abstractas como la felicidad, como la esperanza, como la tristeza, como la depresión.

El final de algunos amores sentimentales dominados por el odio es el feminicidio. En Italia y en Europa se habla mucho de él: del 1 de enero al 31 de octubre de 2018, en relación con el total de homicidios cometidos en Italia, los feminicidios supusieron el 37,6 por ciento, una cifra superior a la de 2017, cuando fueron el 34,8 por ciento. Los datos de EURES-Investigaciones económicas y sociales muestran que los actos de violencia ocurren en familia (el 70,2 por ciento) y en pareja (el 65,2 por ciento en enero-octubre de 2017). EURES subraya un aumento progresivo de la edad media de las víctimas, que alcanza el valor más elevado precisamente este mismo año: 52,6 años para el total de las mujeres asesinadas y 54 años para las víctimas de feminicidio en el seno de la familia (en muchos casos mujeres enfermas, asesinadas por el cónyuge, también anciano, que, a su vez, después se ha quitado la vida).

La pareja es el ámbito de más riesgo para las mujeres: entre el año 2000 y los primeros diez meses de 2018, hubo 3.100 mujeres asesinadas, una media de más de tres por semana. Y de cuatro casos, casi en tres (el 72 por ciento) se trataba de mujeres asesinadas por familiares, la pareja o la expareja. Según los datos del Istat, en Italia, en 2017, se dirigieron a los centros antiviolencia 49.152 mujeres, de ellas 29.227 iniciaron un recorrido de salida de la violencia. El 26,9 por ciento de las mujeres que acudió a dichos centros son extranjeras, y el 63,7 por ciento tiene hijos, menores de edad en más del 70 ciento de los casos.

GREVIO, el organismo del Consejo de Europa que supervisa la aplicación del Convenio de Estambul, últimamente ha acusado a Italia de esforzarse poco por evitar los feminicidios. Cabe señalar, sin embargo, que Italia no parece ser el país europeo con más casos de violencia contra las mujeres. Según los datos de la Agencia para los Derechos Fundamentales de la Unión Europea, los países donde la violencia (física o sexual) contra las mujeres es más frecuente son los del Norte de Europa. Italia se sitúa en la mitad inferior de la clasificación, muy por debajo de la media europea: en efecto, en Italia, las mujeres víctimas de violencia física o sexual a partir de los quince años suponen el 27 por ciento, frente al 52 por ciento en Dinamarca, el 47 por ciento en Finlandia, el 46 por ciento en Suecia, el 45 por ciento en los Países Bajos y el 44 por ciento en Francia y el Reino Unido. Hablar del amor es también hablar de todos los fenómenos vinculados con él, de las máscaras que lo camuflan o que lo exaltan; el amor tiene la misma relación con el odio que la vida con la muerte, que el día con la noche o, para volver al principio de nuestro diálogo, que el sol con la luna.

Ken Mogi

Desde el punto de vista de las neurociencias, el amor y el odio son parientes consanguíneos, comparados con la indiferencia. Un refrán japonés dice que el amor es hermano del odio. Y seguro que hay refranes parecidos a este en otras culturas.

En la amígdala, que es el centro de las emociones en el cerebro, y en otros circuitos neuronales relacionados, el amor y el odio dependen del contexto. Se puede amar a alguien, pero con el paso del tiempo se puede llegar a odiar a la misma persona, por una u otra razón. Tanto el amor como el odio parten del supuesto que entre las dos personas se da una relación intensa. Si no existe interacción, no puede haber ni amor ni odio, solo indiferencia.

Has sacado a colación la cuestión de la violencia, de los prejuicios y de la discriminación contra las mujeres.

Nací y crecí en Japón y luego quedé expuesto a valores y culturas del mundo entero. Por todo ello considero que la cuestión del prejuicio y de la paridad de género es muy espinosa.

Creo que todos los seres humanos deberían gozar de plena libertad para buscar la propia individualidad, por eso estoy de acuerdo con la paridad de género. En Japón, hace poco estalló un escándalo que ha salpicado a varias facultades de Medicina de universidades de prestigio, cuyas estudiantes, se decía, eran penalizadas en las pruebas de admisión. Según las denuncias, a las aspirantes les quitaban puntos en las notas. Las universidades dieron la siguiente explicación: dado que el ritmo de trabajo de los médicos es muy intenso, si hubieran admitido el mismo número de estudiantes masculinos y femeninos, a la larga habrían tenido que afrontar la carencia de personal médico, pues es más probable que deje el trabajo una mujer médico que un hombre médico.

A consecuencia de las protestas, las universidades han garantizado que en el futuro revisarán los criterios, pero el escándalo ha puesto de manifiesto prejuicios y disparidad de género fuertemente arraigados en la sociedad japonesa.

Soy muy sensible a la disparidad de género porque creo que representa solo una pequeña parte de un problema más grande. Todos tenemos algún prejuicio. El problema es que este repercute en nuestras vidas y a menudo no vemos nuestra auténtica potencialidad, sino que nos limitamos a adherirnos al *statu quo* sin ningún motivo concreto.

Por ejemplo, muchas personas sostienen que una lengua extranjera no se puede dominar si el aprendizaje no empieza en los primeros años de vida. Si se estudia más tarde, los progresos serán limitados y uno no podrá esperar nunca hablarla con la misma soltura que la lengua nativa. Eso es lo que dice el sentido común.

Nada está más alejado de la verdad que este prejuicio. No hay pruebas, en el ámbito de las neurociencias y las ciencias cognitivas, que demuestren la existencia de un período crítico más allá del cual aprender y dominar una segunda lengua sea imposible.

Puedo citar un ejemplo evidente de lo contrario. Joseph Conrad nació en Polonia y no entró en contacto con el inglés hasta los veinte años. Pese a ello, logró aprender muy rápidamente dicho idioma y llegó a escribir obras maestras de la literatura inglesa como *Lord Jim* y *El corazón de las tinieblas*, de donde sacó la inspiración Francis Ford Coppola para la genial película *Apocalypse Now*.

El hecho de que Joseph Conrad sea admirado no solo por ser una persona que superó las barreras lingüísticas, sino también como figura destacada de la literatura inglesa, a pesar de sus orígenes lingüísticos, demuestra la gran flexibilidad y capacidad de aprendizaje de la mente humana.

El físico Michael Faraday dijo una vez: «Nada es demasiado maravilloso para ser cierto si obedece a las leyes de la naturaleza».

Todo parece indicar que el ser humano, hombre o mujer, tiene una gran capacidad para aprender, crecer y adaptarse. Supera barreras y consigue grandes resultados en total coherencia con las leyes de la naturaleza, dejando de lado los prejuicios existentes y las ideas erróneas.

Has hablado de la cuestión de la violencia contra las mujeres y no solo contra ellas. En mi opinión, la violencia a menudo tiene su origen en la sensación de estar bloqueados para siempre en un *statu quo*. Es una injustificable manifestación de frustración que quizá nace cuando uno se siente incapaz pero que se vuelve contra los demás como mecanismo de compensación. Así pues, para reducir la violencia, creo firmemente que debería promoverse la conciencia de que todos somos capaces de cambiar si sabemos cómo hacerlo.

A este respecto, soy un gran admirador de la hazaña de un superpolíglota famoso, Giuseppe Caspar Mezzofanti (1774-1849), elevado al rango de cardenal por el papa Gregorio XVI. Se dice que hablaba por lo menos treinta lenguas con extraordinaria habilidad.

Mezzofanti es la demostración de las grandes posibilidades que tiene el género humano de perfeccionar sus habilidades.

Es muy conmovedora la forma en que este religioso llegó a poseer esta habilidad. Según lo que contó él mismo, cuando era joven se encontró con dos prisioneros que iban a ser ajusticiados a la mañana siguiente. Si no se confesaban con un sacerdote, su alma no se podría salvar. Pero nadie entendía la lengua que hablaban. Entonces Mezzofanti aprendió su idioma durante la noche para poder oír la confesión y salvar el alma de los condenados. Según lo que se cuenta, después de aquel episodio el religioso se dedicó a perfeccionar la capacidad de aprender idiomas muy deprisa.

Así pues, Thomas, creo que el amor y la capacidad de aprender están profundamente relacionadas. Tenemos que creer en la capacidad de cambiar para desarrollar al máximo el gran poder del amor.

TL

Has hablado de amor y odio, pero también de indiferencia. Y precisamente esa tríada nos hace reflexionar. Si el amor y el odio bailan el tango, como hemos dicho al inicio de nuestra conversación, la indiferencia se comporta como una tercera persona, que trata de desengañar a las otras dos. Es una tentadora habitual en todas las relaciones de amor, después transformado en odio, o bien en todas las relaciones de odio, con algo de amor no expresado en el interior.

La indiferencia, más que una característica, es una invitación a preferir los esquemas de lo «ya conocido». Una invitación a atenuar las emociones demasiado fuertes, a convertirse un poco en robot (aún no programado para sensaciones demasiado intensas).

La indiferencia ha marcado las páginas más oscuras de la historia: en efecto, los más atroces dictadores ¿cómo habrían podido exterminar poblaciones enteras sin aliarse con la indiferencia de los ciudadanos? Hablando con el papa Francisco del amor, del odio y de la indiferencia, me confesó que le gustaba mucho una película de autor estrenada en los cines italianos en 1944 que se titula *Los niños nos miran*. Dirigida por Vittorio De Sica con guión de Cesare Giulio Viola, cuenta la historia de Pricò, un niño abandonado por su madre, que ha huido de casa con un amante. El padre, modesto empleado de banca, arrastra de un ambiente a otro a Pricò, lo trata como si fuera un pequeño robot, insensible al sufrimiento emocional. Esta película, dramática y conmovedora, ofrece una representación extraordinaria de la angustia infantil, que relaciona con la indiferencia de los padres. Nos encontramos, pues, con la tríada amor, odio e indiferencia, pero no en cualquier contexto sentimental, sino en el contexto de la infancia, en que se forman las características personales que durarán toda la vida. Todos los niños conocen el amor (tanto si lo han recibido de los padres como si no, en el último caso lo idealizarán como una carencia) y también conocen el odio (seguro que lo han sentido al menos por un momento hacia el padre, la madre o un coetáneo).

Sin entrar en el tema de la psicopatología del desarrollo, que considera esencial, para el estudio de la psicopatología, el análisis de las trayectorias individuales del desarrollo (centrándose principalmente en la teoría del apego de que hemos hablado antes), me parece evidente que la indiferencia desempeña un papel más que determinante en la formación de la personalidad del niño, así como en su neurofisiología.

Si de hecho está demostrado que «los acontecimientos traumáticos de la infancia cambian la neurobiología» (como escribió en un brillante artículo el psiquiatra americano Bruce Perry, de la Child Trauma Academy de Houston, Texas), no habría que olvidarse nunca de añadir el papel de la indiferencia, adoptada o recibida, cuando se analiza el recorrido psicológico de una persona. Antes hablábamos de robots, de coches con conducción autónoma y que deben elegir cada vez entre dos opciones diferentes: «¿Giro a la derecha o a la izquierda? ¿Choco contra un poste o contra un contenedor de la basura? ¿Atropello a un adulto o a un niño?» Si a esas opciones binarias les añadiéramos siempre la opción de la indiferencia, ¿qué ocurriría? Entonces la pregunta sería: «¿Atropello a un adulto, a un niño o interrumpo el análisis de la información que estoy recibiendo y me refugio en un estado de espléndido aislamiento interior, simulando un apagón?» Quien nos ha programado como seres humanos (podemos llamarlo Dios, la energía, la nada, el azar, otros humanos más avanzados que nosotros, o bien nosotros mismos en el caso que la realidad sencillamente no exista) respondió a este dilema insertando en nuestro cerebro el mecanismo de la disociación.

La disociación, considerada el primer síntoma evidente capaz de demostrar que se ha sufrido una experiencia traumática, aunque también frecuente en los estados depresivos, desempeña una función tutelar, es un mecanismo muy humano de defensa. Al permitir al cerebro no integrar las funciones cognitivas superiores, protege contra la excesiva estimulación emotiva y afectiva. Se trata, en definitiva, de la interrupción de la integración recíproca entre las funciones superiores de conciencia, de identidad, de memoria, de percepción del entorno y de control de los movimientos del propio cuerpo. «Me sucede muchas veces que me encuentro en un lugar sin saber cómo he llegado a él», «No consigo distinguir si he hecho una cosa o si solo la he pensado», son frases que la psiquiatra Karlen Lyons-Ruth, de la Harvard Medical School, en su libro sobre el trauma y las relaciones en la infancia, dice que ha oído muchas veces en casos de importantes estados disociativos de la mente.

Lo que está poco analizado, en la bibliografía psiquiátrica contemporánea, es cómo quien crece utilizando Internet desde la infancia podría estar más inclinado a desarrollar los síntomas de disociación que quien no ha conocido nunca la web. Pero la disociación, en la mayoría de los casos clínicamente inocua si es poco frecuente, podría ser solo el inicio. Pasar del mundo real (uno solo) a los virtuales (infinitos) en pocos instantes y hacerlo repetidas veces mediante el teléfono inteligente ¿cómo puede no cambiar neurofisiológicamente algo en un cerebro en vías de desarrollo? ¿Cómo puede no ser puesta en duda la realidad (por un cerebro mortal) si el paso hacia el mundo de la web es solicitado continuamente en una edad precoz? Lo que nos ha permitido a los humanos estar todavía vivos en el siglo XXI es nuestra capacidad de adaptación. ¿Cómo recibe el cerebro en formación ese continuo tango entre lo real y lo virtual? Y sobre todo: dado que las entradas generalmente más placenteras proceden del mundo virtual (solo porque ofrece la posibilidad casi infinita de nuevas exploraciones hasta encontrar el objetivo deseado), ¿cómo reaccionará a todo esto, en las próximas generaciones, la natural capacidad humana de adaptación?

Esas máquinas, esos robots inteligentes, ¿se pueden programar para que puedan experimentar una especie de disociación y así defenderse de situaciones demasiado estresantes y fuera de control? Últimamente ha circulado por el mundo la noticia de la comercialización de un robot japonés, llamado el «chamán digital». Ofrece un «duplicado robótico» de un familiar o de un amigo muerto con el que se puede conversar durante cuarenta y nueve días después de la muerte. La persona que desea «continuar viviendo» en el duplicado mientras esté vivo debe colaborar con un técnico que graba todas sus peculiaridades en un programa. Al robot, para aumentar la semejanza, se le pone una máscara en tres dimensiones de la cara del difunto. Durante cuarenta y nueve días después de la muerte, según el inventor, se podrá conversar con quien ya no existe.

KM

En esta correspondencia has planteado cuestiones muy sagaces. Es de verdad interesante reflexionar sobre cómo se adaptará (o no logrará adaptarse) la psicología humana al entorno informático radicalmente distinto que probablemente surgirá en el futuro próximo.

Con el progreso de la tecnología, también cambian los parámetros que nos dicen cómo tendremos que adaptarnos al interior de la sociedad. James Flynn, psicólogo neozelandés, es famoso por haber descubierto que el valor medio del cociente intelectual de las personas de los países desarrollados va aumentando con el tiempo. Una serie de hipótesis podrían avalar esa circunstancia, llamada «efecto Flynn». La genética humana no se puede modificar en un período tan breve; los cambios observados habría que imputarlos, pues, a efectos posnatales. Uno de los factores podría ser la alimentación, que ha mejorado a lo largo de los años. Otro factor podría estar relacionado con las innovaciones del sistema educativo. Pero también hay que tener en cuenta que el entorno informático en continua evolución podría haber contribuido a hacer que el hombre sea capaz de gestionar un número mayor de informaciones por unidad de tiempo en comparación con las generaciones anteriores. Con la introducción de nuevos medios de comunicación, de la televisión a Internet, y con su difusión capilar en la sociedad, la persona media ha quedado expuesta, en la vida cotidiana, a una cantidad cada vez mayor de informaciones. De hecho, una teoría sostiene que el efecto Flynn se debe a la mayor cantidad de informaciones que nos bombardea todos los días y a nuestra respuesta a esa situación: nuestro cerebro se ha adaptado a gestionar más informaciones por unidad de tiempo, lo que ha dado como resultado la mejora del valor del cociente intelectual.

Hoy en día no es difícil ver niños, incluso muy pequeños, que manejan a la perfección el teléfono inteligente para buscar vídeos o para participar en videojuegos complicadísimos. En efecto, el cambio en el entorno informático ha sido radical. Incluso los mileniales, que han estado expuestos a las tecnologías informáticas de jóvenes, a veces les cuesta mantenerse al nivel de las nuevas generaciones.

Así pues, el efecto Flynn quedaría demostrado con el individuo medio que presenta una mayor flexibilidad intelectiva que los individuos de las generaciones anteriores. Por otra parte, alguien podría sostener que, de todos modos, no importa lo brillante que sea el cerebro de una persona, ya que tenemos a nuestra disposición superordenadores que caben en una mano y, con la llegada de las redes 5G, son capaces de transmitir una cantidad increíblemente grande de informaciones y efectuar cálculos a la velocidad de la luz, asumiendo la función de super ayudante personal, al servicio de cada persona.

Parece, pues, que la presión que nos empuja a ser más capaces, a tener ventaja en el ámbito de la inteligencia, podrá disminuir en el futuro. Ahora bien, la habilidad de innovar, de encontrar nuevas estrategias en el «océano azul» seguirá siendo siempre muy solicitada. Mientras que, al contrario, la capacidad de sacar puntuaciones altas en los tests será dentro de poco un simple producto comercial y tendrá un significado financiero cada vez menor, ya que no será una mercancía rara.

La demanda de capacidad intelectiva disminuirá. Por otra parte, aumentará la demanda en cuanto a emociones y se exigirá saber afrontar situaciones cada vez más difíciles e imprevisibles, que se presentarán en la evolución de las tecnologías. Si la inteligencia artificial puede sustituir en parte nuestra inteligencia, no puede hacer lo mismo con las emociones. No existen ejemplos satisfactorios de emociones artificiales, al menos no por ahora.

En los últimos años, el concepto de «trabajo emocional», descrito por la socióloga Arlie Hochschild, ha llamado la atención en el mundo entero, especialmente en Japón. El trabajo de muchas personas empleadas en el sector de los servicios terciarios requiere controlar y regular delicada y sofisticadamente las emociones. En Japón, por tradición, el espíritu del *omotenashi* (ocuparse de las necesidades de los huéspedes) se ha considerado siempre un valor añadido en muchos oficios, llevados a cabo de lo contrario como mera rutina.

El *omotenashi* deriva de la tradición de la ceremonia del té, en la que el dueño de la casa está en condiciones de igualdad con el huésped. Se establece una comunicación simétrica. No es la que se da entre amo y esclavo. El *omotenashi*, en la tradición de la ceremonia del té, es un intercambio amistoso de buenas intenciones en condiciones de igualdad.

Si bien se considera que el trabajo emocional en forma de *omotenashi* es un arte, puede resultar muy laborioso y ejercer una gran presión sobre quien lo practica. Ese refinamiento de las interacciones emocionales entre las personas parece que será la característica de la nueva era en que los mileniales desempeñarán funciones cada vez más centrales.

Es interesante ver cómo, mientras progresa la inteligencia artificial, se desarrolla la búsqueda correspondiente de perfeccionamiento en las interacciones emocionales. Se puede considerar que el movimiento #MeToo es un proceso en que la comunicación entre hombres y mujeres, tradicionalmente gestionada de un modo con frecuencia rudimentario, ahora está sometida a presiones para que sea simétrica. No se trata tan solo de relaciones entre géneros. Lo mismo ocurre en las escuelas y en los lugares de trabajo. Va aumentando la presión para que las emociones humanas sean más precisas y directas, coordinadas a la perfección, como el proceso de producción en una fábrica de Toyota.

Al parecer, en el futuro próximo habrá una presión evolutiva totalmente similar en relación con las emociones humanas. Exactamente igual como el desarrollo de las nuevas tecnologías informáticas ha requerido un mejor funcionamiento del intelecto humano, que luego ha dado como resultado el efecto Flynn.

¿Se dará también un efecto Flynn en las emociones? ¿Nos comportaremos en el futuro como máquinas emocionales de alta precisión? ¿Significará ello perder la libertad? ¿O significará que bailaremos al son de la música de la libertad humana de un modo más preciso y coordinado?

El futuro no es solamente el mundo nuevo de la inteligencia. Al parecer, será también el mundo nuevo de las emociones.

TL

Un mundo de «emociones artificiales», ¿cómo te lo imaginas? Parece una utopía, algo absolutamente improbable, propio de la ciencia ficción. Estamos acostumbrados, sin embargo, a ver que las hipótesis más inverosímiles llegan a realizarse: Aristóteles, en el siglo IV antes de Cristo, describió la cámara oscura, después utilizada por Leonardo da Vinci y los pintores del Renacimiento. Lo menciono porque la cámara oscura ha señalado el inicio de la representación del mundo por parte de las máquinas, basándose en la semejanza de la imagen con el mundo. La misma invención de la televisión, que nosotros hemos conocido en el siglo XX, se puede retrotraer al año 1790: pienso en la novela de ciencia ficción de Charles François Tiphaigne de La Roche, en la que el escritor se imagina una máquina que materializa los objetos a través del aire. Otro francés, Albert Robida, ha descrito el diario hablado, el teatro en tres idiomas y el telefonoscopio, un objeto que unía tres aparatos diferentes: el teléfono, el fonoscopio y el fonógrafo. Todo ello, naturalmente, ha originado la necesidad humana, y a la vez colectiva, de la liveness, la retransmisión directa, la simultaneidad, así como de la unión de la calidad con la diversión. Pensemos en esto: ¿cuál es la invención que puede unir mejor la calidad con la diversión? He aquí la espantosa actualidad de las emociones artificiales.

A nosotros, hablar de emociones artificiales nos parece preocupante, pues nos da la sensación de que nos vamos acercando a la deshumanización, pero aún lo vemos como una perspectiva lejana. Sin embargo, tal vez no sea algo tan lejano. ¿Y si estuviéramos experimentando emociones artificiales todos los días sin ser conscientes de ello? Da que pensar un dato difundido hace poco por el informe de Incapsula: el 51,8 por ciento del tráfico de Internet es un bot, es decir, está compuesto de robots «buenos» y robots «malos». Por «robots buenos» se entiende sobre todo los que deberían protegernos de virus y de personas malintencionadas, aunque la mayoría de las veces en detrimento de nuestra privacidad; es fácil imaginarse cuáles son los «robots malos»…

De hecho, en la red los robots ya superan a los humanos. ¿Cómo sería posible, pues, no estar ya condicionados por los robots en línea? Y estar condicionado por robots en la red es ya tal vez el preludio de la inducción de emociones artificiales. Hace algunos años se habló mucho en todo el mundo de una probable manipulación rusa, a través de Internet, de las elecciones americanas que dieron el triunfo a Donald Trump. Se habló, más en concreto, del uso de combinaciones de big data y data mining, que se pueden archivar y después las informaciones se pueden dirigir a los usuarios para influirlos ideológica y emotivamente. Precisamente por esos motivos se habló mucho de los «bot políticos» como nuevas formas de poder blando (softpower). De ahí que resulte cada vez más difícil conservar la democracia en el mundo en la era de una constante y global guerra informática. Lo que está sucediendo en gran parte del mundo con los populismos posmodernos es un auténtico «contagio emotivo» a gran escala, contagio emotivo que se parece mucho a la inducción, por parte de las máquinas (dirigidas por nosotros, los humanos), de «emociones artificiales» contrapuestas que crean un apagón emotivo, seguido de frustración y rabia.

Es muy interesante el análisis de los populismos que ha hecho el sociólogo argentino Ernesto Laclau. Si, por un lado, Laclau ha dado un vuelco a la cuestión, atribuyendo un valor neutro a dicho fenómeno, y no un valor negativo como la mayoría de los estudiosos. Por otro lado ha sabido explicar con pocas palabras el proceso mediante el cual se crean los populismos en la Red. Laclau considera superado el concepto de «clase social»; la web, en efecto, ha incentivado la creación de «pequeños grupos», que él llama «demandas sociales».

Esas demandas sociales se transforman muy fácilmente en la red de simples «peticiones» en verdaderas «reclamaciones», como si la misma red incentivase ese mecanismo de condicionamiento. Si las «reclamaciones» encuentran bastante eco entre los usuarios más distintos de las redes sociales y de los blogs, entonces Laclau habla de «identidades populares».

El evidente problema de esas identidades populares es que pasan a ser identidades hegemónicas divididas entre el significado universal de que son portadoras y la particularidad que encarnan. De ahí que esas identidades se conviertan en auténticos «significantes vacíos»; es decir, que encierran una plenitud irrealizable. Por eso el populismo encierra problemas populares (reclamaciones populares) imposibles de resolver con soluciones universales. Tal vez podríamos decir que el «significante vacío» puede ser la emoción artificial inducida por los bots con los que todas las personas digitalizadas están en contacto a diario. ¿Qué opinas?

KM

Los sentimientos, como subrayas tú, se están convirtiendo cada vez más en una cuestión central en la era de Internet. Existe el miedo a la manipulación, alimentado por el ejército cada día más sofisticado de la inteligencia artificial. Ahora bien, en el mundo real, fuera de la red, seguimos viviendo una vida tradicional y concreta. Creo que aquí se da una interesante dicotomía.

En el mundo real, donde interactuamos con personas reales, en tiempo real, todo parece indicar que hay una mayor conciencia de la necesidad de «trabajo emocional», tal como lo ha teorizado la socióloga americana Arlie Hochschild. Cabe suponer que en el trabajo emocional las emociones se sintonizan de tal modo que la función que uno ha de desempeñar en un contexto concreto la lleva a cabo sin esfuerzo. Esperamos, por ejemplo, que los auxiliares de vuelo realicen continuamente un trabajo emocional: aunque un pasajero se comporte con malos modales, reclame cosas imposibles y proteste en voz alta, un buen auxiliar de vuelo no para de sonreír mientras hace su trabajo. Las tareas típicas del sector de los servicios requieren mucho trabajo emocional. Aunque lo que te toque hacer te dé asco, no está previsto que lo exteriorices.

En Japón, donde la palabra *omotenashi* se emplea tradicionalmente para definir la actitud de ofrecer a un huésped una acogida calurosa, y estéticamente satisfactoria, el trabajo emocional forma parte de la realidad de la vida adulta. En efecto, podríamos describir Japón como una nación de trabajadores emocionales, igual como Napoleón definió a Inglaterra como una nación de tenderos.

También el trabajo emocional tiene sus lados oscuros. El exceso origina el estrés, y un estrés exagerado origina a su vez enfermedades mentales y una vida infeliz. En el trabajo emocional, el secreto consiste en encontrar el equilibrio entre deber y espontaneidad. El trabajo emocional es bonito cuando se hace con amor y de un modo sostenible. Pero puede ser una pesadilla cuando se lo imponen a alguien y el cliente lo acoge con escasa gratitud.

La inteligencia artificial sustituirá muchas tareas humanas; es lógico suponer, pues, que el trabajo emocional adquirirá una importancia cada vez mayor. Dado que toda una serie de funciones como el cálculo, la memoria y la elaboración lógica, las puede ejecutar la inteligencia artificial, la especialidad del hombre se trasladará al trabajo emocional, sobre todo en el campo de la comunicación encarnada. El desplazamiento hacia el trabajo emocional ya se está llevando a cabo en muchos sectores de la sociedad. Supongo que esto también sucede en Italia.

He aquí una interesante dicotomía: mientras que el trabajo emocional se extiende en el ámbito de lo real, cuando se entra en la red virtual se tiende a abandonar todo tipo de escrúpulos y de amabilidad.

En Japón, en Italia y en muchos otros países, las personas están muy divididas y se intercambian comentarios desagradables sin valorar en absoluto la necesidad de algo semejante al trabajo emocional. Es muy raro encontrar en la web comportamientos que se puedan comparar al de un sonriente auxiliar de vuelo. Como has escrito tú, en Internet las personas están fragmentadas en «identidades populares» y «significantes vacíos». Rara vez se muestran respeto recíproco las personas que pertenecen a subgrupos diferentes. En Estados Unidos, los que apoyaban y los que se oponían al presidente Trump estaban en guerra constante, sin prácticamente ninguna perspectiva de llegar a una comprensión mutua, a pesar de la frecuencia con que esas personas intercambiaban opiniones en la web. En el Reino Unido, los ciudadanos que querían salir de la Unión Europea tachaban casi de traidores a los que querían permanecer en ella. Por otra parte, los que querían seguir en la Unión Europea tendían a pensar que los partidarios del Brexit eran intelectualmente inferiores. Aquí el respeto mutuo brilla por su ausencia y se considera ridícula la idea de encontrar una sintonía emotiva en los enfrentamientos con el otro.

Hay algo extraño en la forma como la expresión o el control de las emociones en Internet está evolucionando o, mejor dicho, experimentando una regresión. Otro factor que me deja perplejo es, como has escrito, la evolución de los bots, cada vez más manipulados y creados por un ejército de inteligencias artificiales.

Hace poco, la organización OpenAI, impulsada por Elon Musk y otros, anunció que no distribuiría GPT-2, un nuevo modelo de inteligencia artificial capaz de producir textos en lenguaje natural, porque lo consideraba demasiado peligroso para difundirlo libremente. GPT-2 puede crear automáticamente y a gran velocidad textos de artículos a partir de una breve frase inicial. Si personas malintencionadas utilizaran GPT-2 para sus propios fines, podrían llegar a colocar en Internet una cantidad ilimitada de noticias falsas (*fake news*). Sitios de reseñas de libros o de venta de productos y servicios podrían quedar inundados de comentarios generados artificialmente, dejando de lado el hecho de que sean negativos o positivos. En un futuro próximo es muy posible que la inmensa mayoría de los textos que leamos los haya generado una inteligencia artificial y no seres humanos. En un mundo así será cada vez más difícil comprender los sentimientos de las demás personas que pertenecen a la misma sociedad. El *Zeitgeist* lo definirá la inteligencia artificial, no el hombre.

Queda un rayo de esperanza, quizá, gracias al hecho de que en el mundo real nos comportamos de forma civilizada y amable con las personas que encontramos. La web, al contrario, parece ser una tierra salvaje llena de emociones incontroladas, desorientadas y confundidas por la presencia cada vez mayor de inteligencia artificial.

Probablemente habrá también una singularidad para las emociones humanas. A medida que nos acercamos a la posibilidad de una singularidad emocional, determinada por los sistemas de inteligencia artificial, ¿cómo crees que podremos mantener la dignidad humana, la amabilidad y, sobre todo, el equilibrio?

TL

De hecho, es precisamente pensando en nuestra situación actual que el papa Francisco habla de la necesidad de una revolución: una «revolución de la ternura». Es una de las pocas características que, antes de que el tiempo nos desmienta, falta a los robots. Por ternura entiendo algo que va más allá de la empatía. Hoy en día se estudia la empatía como si fuera un canon científico del cerebro. Principalmente desde que se difundió por el mundo entero el descubrimiento de Giacomo Rizzolatti sobre las neuronas espejo. La neurociencia ha demostrado en la práctica que las acciones de los demás se reflejan en nuestro interior, indicando como ejemplo más evidente no tanto las acciones motoras, como el movimiento de las emociones (en la práctica: no entiendo el dolor de quien se ha hecho daño delante de mí, pero lo siento, lo percibo, porque se activan en mí las mismas neuronas que quien lo sufre). La empatía está entrando en la ciencia, casi en las matemáticas; la ternura, en cambio, sigue firmemente anclada en el campo de la filosofía.

La ternura es algo que supera todos nuestros cálculos, y por eso tenemos que hacer una revolución con ella.

Sin duda, como señalas tú, el Brexit, Trump, la ola de populismo en Europa y en Italia, han enfrentado a todos los pueblos con ruidosas polarizaciones entre «nosotros» y «ellos», entre «blanco» y «negro», de una forma nunca tan global. Habría que preguntarse hasta qué punto el neoliberalismo ha sido la causa. Y en qué medida ha propiciado esta deriva de los mercados y el descontento general de todas las poblaciones del mundo.

El premio Nobel de economía Joseph Stiglitz recientemente afirmó que el experimento neoliberal (basado en bajos impuestos para los ricos, desregulación del mercado y de los productos y globalización) ha sido un fracaso. Y añadió que «el crecimiento es más bajo que en los veinticinco años posteriores a la Segunda Guerra Mundial, y ha conllevado ventajas sobre todo para quienes ocupan el vértice más alto de la pirámide, de la renta». Según Stiglitz, las alternativas políticas candidatas a ocupar el puesto del neoliberalismo son esencialmente tres: el nacionalismo de extrema derecha (que acusa a los inmigrantes de todos los problemas, presentes, pasados y futuros), el reformismo de centroizquierda (que para él es una especie de neoliberalismo de rostro humano) y la izquierda progresista (en la que él cree).

Tal vez nos estemos dirigiendo hacia algo alejado de categorizaciones precisas como estas, que serían perfectamente apropiadas para la modernidad sólida y para un recorrido de amplio horizonte. Hoy en día, todas esas definiciones pueden servir para un mes, dos meses, un año de nuestra época, pero no se puede hablar de horizontes. Más bien solo se puede hablar de relámpagos que nos permiten vislumbrar un horizonte, válido únicamente para el mismo momento en que se manifiesta. Ahora bien, todo ello no quita importancia a esas interpretaciones. ¿Solo ha cambiado el paradigma de nuestro pensamiento o quizá también los robots son una evolución natural de este cambio?

Ligado al tema de las emociones artificiales y al que tú acabas de mencionar, hay un tema del que se habla muchísimo en el mundo entero y es un problema grave, verdadero, actual y profundo. Me refiero al ciberacoso, que es la versión «líquida» del acoso tradicional y más peligroso que este porque no necesita espacio, solo tiempo (y el tiempo es la fuerza de cada nuevo aparato electrónico), y es muy invasor: está por doquier y, al mismo tiempo, puede no estar en ningún sitio. En Occidente se habla mucho de esta cuestión, pero se suele subestimar lo que se podría hacer para erradicar el ciberacoso mediante los robots.

Todas las redes sociales, todas las plataformas digitales se construyen con métricas particulares, así como todo lo que se coloca en la red. Todo lo que se escribe en la web se convierte en un código, pero solo lo puede descodificar quien sabe leerlo.

La inteligencia artificial sería perfectamente capaz de descodificar insultos dirigidos repetidas veces a un sujeto en concreto si la prepararan para reconocer las asociaciones de esas palabras en las diferentes lenguas del mundo. Es obvio que las empresas que poseen nuestros datos (y me refiero especialmente a las famosas empresas «over the top») no podrían permitirse técnicamente emitir una señal automática y mucho menos presentar una denuncia penal contra quien envía ofensas a otro usuario; esto, de hecho, no respetaría la legislación singular de cada país del mundo.

Ahora bien, lo que sí podrían hacer las empresas que ofrecen servicios de comunicación, como las redes sociales y las aplicaciones de mensajes, es activar un aviso y enviarlo a quien recibe un número determinado de asociaciones de «palabras de riesgo».

Enviado este aviso, corresponderá después el usuario decidir si señala su situación y los posibles ataques de los ciberacosadores y cómo lo hace. El usuario que recibe insultos tiene derecho a ser protegido o bien por la empresa que ha hecho involuntariamente de intermediaria o bien por el anonimato. En la práctica, para actuar de verdad contra el ciberacoso un buen método podría ser el algoritmo, pero dejando al sujeto implicado el libre albedrío sobre cómo proceder.

Sería igualmente útil una centralita telefónica o una aplicación de mensajes conectada a cada red social, con la que el usuario puede contactar solo si se ha superado el umbral algorítmico de «palabras de riesgo» que se le han dirigido en el curso de conversaciones públicas o sobre todo privadas.

¿Por qué el ser humano no emplea con frecuencia la tecnología para ayudar a la humanidad?

KM

La «revolución de la ternura» propuesta por el papa Francisco también toca una cuerda sensible de mi corazón.

He visitado el Vaticano como turista en varias ocasiones y me ha impresionado mucho la viva tradición de espiritualidad que alberga en la grandeza de los edificios eclesiásticos.

No soy católico y vivo en un país donde las tradiciones religiosas y culturales son diferentes de las que promueve el Vaticano. Sin embargo, aprecio profundamente lo que representa la Iglesia Católica y creo que el Vaticano todavía hoy puede cumplir varias funciones.

El papa Francisco, al ser el primer papa procedente del hemisferio sur, encarna el espíritu de la ternura, de la compasión, del encuentro entre culturas, de la diversidad y de la inclusión en el mundo de hoy. Siento una gran admiración por el trabajo que tú, Thomas, has hecho y continúas haciendo con el papa Francisco. Has contribuido a hacer llegar la luz de la buena voluntad, de la sabiduría y de la revelación a las personas de todo el mundo, tanto del ámbito católico como de los otros. Creo que el mensaje del papa Francisco sobre la «revolución de la ternura» reviste una importancia especial en un mundo en que las personas están cada vez más divididas y son incapaces de encontrar un terreno común donde progresar y convivir.

Has mencionado el ciberacoso y otros aspectos oscuros de la web, como por ejemplo los troles. Se trata de un problema social muy grave.

El comportamiento de los troles en Internet parece una mezcla extraña de amor y de odio, a la que nos hemos referido antes, en esta conversación. El aviso que circula por Internet dice: «No alimentéis a los troles». Esto nos da la idea de lo felices que son (se sienten saciados) las personas que se comportan como troles cuando reciben respuestas de las víctimas de sus provocaciones. Por ejemplo, si alguien responde con una crítica feroz al tuit de un trol, el trol en cuestión se sentirá más motivado a escribir otros tuits del mismo cariz. Algunos dicen que incluso bloquear la cuenta de esos individuos representa para ellos una especie de gratificación porque consideran que han obtenido un reconocimiento. En conclusión, la manera más inteligente de reaccionar a los troles consiste en ignorar sus mensajes, así no conseguirán el reconocimiento que buscan. Al parecer, los troles desean obtener la atención, pero también compasión y amor cuando difunden palabras de odio y discriminación. Creo que el comportamiento de los troles es profundamente humano, aunque por supuesto no lo apruebo en absoluto.

Personalmente tiendo a considerar los mensajes de los troles como un ruido de fondo, actitud que a primera vista podría parecer insensata, pero que en realidad tiene sentido. Sobre todo si pensamos que en el futuro será mucho más fácil componer mensajes de troleo mediante sistemas de inteligencia artificial. Creo que las personas, cuando trolean, se comportan como una inteligencia artificial que no funciona bien.

Antes he mencionado el sistema GPT-2. Profundicemos un poco. El grupo de investigación de la plataforma OpenAI anunció que no daría libre acceso a GPT-2, un nuevo modelo de inteligencia artificial que elabora un lenguaje natural, porque lo consideraba peligroso. GPT-2 es capaz de memorizar una enorme cantidad de textos presentes en Internet, equivalentes a varios miles de veces las obras completas de William Shakespeare.

El problema que se plantea es que GPT-2 sería capaz de generar una gama entera de frases con sentido después de darle una primera frase. Por ejemplo, si le proporcionamos la frase inicial de una noticia sobre el Brexit, GPT-2 puede redactar un artículo periodístico completo, que parecerá tan natural como los que publican los periódicos escritos por seres humanos. Cuando le dieron las primeras líneas de 1984 de George Orwell, produjo un texto narrativo legible ambientado en China en el futuro próximo.

Es fácil de entender el caos que se crearía en la sociedad si un sistema de inteligencia artificial de este tipo saliera a la venta. Leeríamos muchas más noticias falsas y sin duda muchas más reseñas falsas, y, al mismo tiempo, también veríamos muchos más mensajes de troles, lanzados al azar desde quién sabe donde en Internet.

No sabemos lo que nos reserva el futuro respecto a la gama de textos que encontraremos en Internet, pero estoy seguro de una cosa: la relación señal-ruido para los textos que leamos habitualmente en Internet será cada vez más baja y, tanto si nos gusta como si no, nos veremos obligados a tratar la mayoría de los textos presentes en la web como ruido de fondo. Descubrir mensajes sensatos que enriquezcan nuestra vida y la llenen de significado requerirá un esfuerzo considerable de intuición, habilidad y búsqueda activa.

Creo que la inundación de mensajes de texto ya ha empezado. En comparación con lo que nos espera en el futuro, cuando los textos generados por una inteligencia artificial llenen el ciberespacio, los molestos mensajes escritos actualmente por troles humanos nos parecerán naderías.

Viviremos en un mundo donde tendremos que buscar mensajes capaces de alimentar el alma en medio de una multitud de textos generados por seres humanos e inteligencias artificiales. Por este motivo, a mi juicio, en el futuro será importantísimo concentrarse en los aspectos esenciales de la existencia humana, como el amor, en la vida cotidiana a la luz de la civilización.

El Renacimiento italiano fue importante porque trató de redefinir y dar un nuevo significado a la condición de ser humanos. El resultado fue el nacimiento de un nuevo poder creador en varios ámbitos del arte y de la ciencia.

La era de Internet y de la inteligencia artificial que se está gestando podrá tener también momentos oscuros en que las emociones negativas del hombre —como el odio, la rabia, la envidia y los prejuicios— llegarán a gozar de un mayor espacio expresivo. Será, sin embargo, una gran oportunidad para dedicarnos a una genuina búsqueda espiritual. Deberemos tratar de redefinir, en el interior del contexto de las tecnologías en vías de desarrollo, qué significa ser humanos.

Estoy convencido de que habrá que redefinir o repensar qué significa amar, una de las características más fundamentales, si no la esencial, del ser humano, en el contexto de un mundo que estará dominado por sistemas de inteligencia artificial. Y creo que el Vaticano, con el papa Francisco al frente, podrá desempeñar un papel importante en este proceso.

Y, en una escala indudablemente más reducida, espero que también nuestra conversación pueda servir de ayuda.

Ahora que hemos llegado al final, repaso los contenidos de nuestra conversación y veo que ha tratado del sutil enigma del frágil equilibrio entre individualidad y comunidad, diferencia y similitud, Oriente y Occidente, ciencia y fe, amor y odio, cuerpo y espíritu. Cuando intercambiamos palabras, pasamos a formar parte de la otra persona. Los recuerdos duran más que la vida de un solo individuo porque se transmiten de uno a otro, a lo largo de las generaciones, hasta que se convierten en patrimonio común de la experiencia de todo el género humano.

El amor ocupa un lugar central en este vibrante y versátil universo lingüístico y mnemotécnico donde la luz de la vida sigue avanzando.

Epílogo

Thomas Leoncini

En un pueblo chino había un viejo campesino que vivía con su hijo y un caballo, que era su única fuente de sustento.

Un día el caballo se escapó y dejó al hombre sin la posibilidad de labrar la tierra.

Los vecinos acudieron a su casa para expresarle su solidaridad y le dijeron que lamentaban lo sucedido.

Él les agradeció la visita, pero les preguntó:

—¿Cómo sabéis que lo que me ha ocurrido es un bien o un mal para mí? ¡Ya veremos cómo irán las cosas!

Los vecinos, perplejos por la reacción del viejo campesino, se fueron.

Al cabo de una semana, el caballo volvió a la cuadra, acompañado de una manada de caballos. Los habitantes del pueblo volvieron a casa del campesino, para celebrar con él la buena suerte.

—Antes tenías solo un caballo y ahora tienes muchos. ¡La suerte te ha sonreído! —dijeron.

—Gracias por vuestra solidaridad, pero ¿cómo sabéis que esto es un bien o un mal para mí?

Los vecinos quedaron desconcertados otra vez por la reacción del viejo campesino y se fueron.

Al cabo de algún tiempo, el hijo del campesino, mientras trataba de domar a uno de los caballos recién llegados, se cayó de la bestia y se rompió una pierna.

Los vecinos volvieron deprisa para expresar su pesar por la desgracia. El hombre les agradeció la visita y el afecto de todos ellos y una vez más les preguntó:

—¿Cómo sabéis que lo que me ha ocurrido es un bien o un mal para mí? Esperemos a ver qué pasará.

La frase del viejo campesino los dejó otra vez a todos estupefactos, y se fueron incrédulos y sin decir nada.

Transcurrieron varios meses y Japón declaró la guerra a China. Los emisarios del gobierno recorrían todo el país en busca de jóvenes en perfecto estado de salud para enviarlos al frente. En el pueblo reclutaron a todos los jóvenes excepto el hijo del campesino, que tenía la pierna rota.

Todos murieron, salvo el muchacho que se quedó en casa.

El campesino sabio visitó a sus vecinos para consolarlos y ayudarlos, del mismo modo que ellos se habían mostrado solidarios con él. Cada vez que alguno de ellos se lamentaba, el campesino sabio le decía:

—¿Cómo sabes que esto es una desgracia?

Si alguno se alegraba demasiado, le preguntaba:

—¿Cómo sabes que esto es bueno?

Esta parábola zen es muy antigua, y quien la escribió no se habría imaginado nunca que su sabiduría podría extenderse por Oriente y porOccidente al mismo tiempo. La explosión solapada de un virus no puede ser, desde luego, un acontecimiento benigno, las muertes y el sufrimiento ocasionados son un dolor demasiado grande para todos, pero sería un error detener aquí el análisis de esta catástrofe.

La oportunidad radica no en el virus, sino en las consecuencias de un trastorno de las costumbres.

Aunque las costumbres no nos hagan infelices (en psicología se habla muchas veces de las rutinas como de zonas de confort), nos pueden volver insensibles a las emociones y poco preparados para los trastornos, que cada vez son más frecuentes en nuestra vida líquida.

Ser insensible a las emociones es además incompatible con el mensaje del ikigai: vivir conscientes del presente y de las emociones es indispensable para una vida que «valga la pena ser vivida».

La pandemia de la COVID-19 ha conectado el miedo líquido (porque el enemigo se camufla en el aire) de todos los individuos en el mundo. Lo ha hecho, es verdad. Pero, en la respuesta al estímulo del miedo, han predominado en gran medida las costumbres heredadas del pasado de los habitantes de cada continente.

En Occidente, la respuesta ha sido casi en todas partes individualista, a partir de la manera como se gestionó la primera alarma, hace mucho tiempo. La devaluación del problema, después la carrera para no perder el tren, por fin la demonización de los enfermos y los insultos a quien ha contraído la enfermedad son los síntomas de la misma actitud: el individualismo. Sí, porque no han sido comportamientos coordinados, sino más bien realizados simultáneamente por personas muy diferentes entre ellas, cada una actuando en nombre del propio valor moral, en nombre del derecho de afirmar solo la propia autonomía de individuo singular.

Acciones que parecen enjambres sísmicos, que imprevisiblemente se han encontrado juntos, asustando a los ignorantes que observaban o leían las noticias.

Todo este miedo no debe pasar en vano: tenemos que trabajar a partir de las lecciones que nos ha enseñado y que sigue enseñándonos. El virus no ha sido un apagón de la globalización, no ha sido un pequeño error de la modernidad. El virus ha sido más bien el fruto mismo de nuestra modernidad. Sin la civilización moderna tan compleja y tan tecnológicamente avanzada, no habría habido ninguna pandemia. Sin los viajes intercontinentales tan frecuentes y rápidos, sin aviones nacionales y trenes de alta velocidad capaces de conectar varias veces al día puntos geográficos opuestos, sin los hospitales y las grandes ciudades productivas, quizá también sin los laboratorios para estudiar los virus, no habría habido ninguna pandemia.

La globalización es el paciente cero de la pandemia, pero la criticamos solo porque olvidamos los inconmensurables beneficios que nos aporta todos los días, incluso en este momento.

Es esencial estudiar a fondo las lecciones del virus porque hoy todos hemos constatado por experiencia propia que vivimos en una sociedad que ha hecho posible una pandemia y que en su interior no tenía ningún antivírico que pudiera impedirla.

Hemos descubierto de repente que no somos invencibles, sino impotentes y hemos comprendido que nuestras tecnologías, nuestros robots y las innovaciones digitales pueden ser compañeros de viaje excepcionales, pero se quedan tan inermes como nosotros ante las emergencias.

Es como si el virus nos hubiera hecho más conscientes de la verdadera matriz de la modernidad; el sufrimiento que nos ha ocasionado puede hacernos cambiar las costumbres para vivir mejor el presente, apreciando todos sus matices: ya no somos esclavos ni dependemos como antes de la rutina sedimentada durante décadas de historia contemporánea.

El sufrimiento es un trueno que en el mismo instante que asusta crea la oportunidad de cambiar de sitio. Y si el sufrimiento, a lo largo de su tortuoso recorrido, nos hubiera empeorado... pues entonces habría sido un sufrimiento desperdiciado.

Ken Mogi

La epidemia de coronavirus para mí ha sido una sorpresa terrible. Y también para Japón. Al principio hubo un momento de negación e incredulidad. Al fin y al cabo, en las dos últimas décadas habíamos presenciado varias falsas alarmas, cuando se perfilaba en el horizonte una enfermedad peligrosa que amenazaba con transformarse en pandemia. El SARS (2002-2004), la gripe porcina (2009-2010) y el MERS (2012-…) llegaron y se fueron. Esas enfermedades, aunque fueron peligrosas y devastadoras en algunas regiones del mundo, no llegaron a convertirse en pandemias, con gran alivio de la población, y mío también.

Así, cuando llegaron las primeras noticias de una epidemia de coronavirus procedente de Wuhan, en China, no había ningún motivo para creer que esta vez sería diferente. Teníamos que ir con cuidado para no caer enfermos, eso sí, pero muy probablemente no se transformaría en una pandemia. Ahora sabemos todos que esas previsiones estaban completamente equivocadas. Esta epidemia ha resultado ser uno de los acontecimientos que ocurren una vez cada siglo; la peor epidemia después de la gripe española de 1918-1921. Los daños para la salud y los daños socioeconómicos han sido catastróficos.

El cerebro humano trata de adaptarse a los acontecimientos inesperados de este tipo recurriendo a las viejas costumbres y a los viejos instintos. En Japón, la gente empezó a tomar precauciones y a moderar la conducta antes de que el gobierno lo pidiera. Es algo muy típico de la sociedad japonesa, en la que el comportamiento de los ciudadanos se autorregula sin necesidad de órdenes apremiantes procedentes de arriba. Es un proceso armonioso de organización autogestionada, y las personas tratan de actuar de la mejor manera posible incluso sin que se lo impongan.

En el proceso de búsqueda de estilos de vida alternativos en el período de confinamiento y de permanencia obligatoria en casa, los japoneses recurrieron a su sentido de ikigai. Un camino interesante a seguir, aunque fuera en el contexto de una crisis nacional y mundial.

Hubo directivos (hombres y mujeres) que empezaron a dedicarse a cocinar, afirmando que era algo que siempre habían deseado hacer. Otros empezaron a dibujar o pintar, muchas veces junto con los hijos, que se aburrían de jugar solo con Nintendo Switch. Otros, en cambio, organizaron fiestas con Zoom o conversaron a través de Internet gracias a los programas de teleconferencia mientras bebían sake.

Este cambio de estilo de vida ocurrió en todos los países del mundo. La gente, como no estaba obligada a viajar varias horas para llegar al trabajo, se puso a hacer lo que siempre quiso hacer.

Lo que, en cambio, era tal vez típico de Japón fue la facilidad con que las personas pasaron de llevar una vida pública a disfrutar de los placeres de una vida más privada. Como si quedarse en casa y pasar el tiempo a su aire fuese lo que habían deseado siempre, desde que eran niños; lo cual es bastante extraño, dado que los japoneses son famosos por ser trabajadores infatigables, que de noche vuelven a casa muy tarde.

Quizá ya habían arraigado tendencias culturales sumergidas que favorecieron ese cambio. En Japón ha existido siempre la tradición de retirarse de la vida pública para buscar el ikigai propio. Alejarse de los continuos altibajos de la política, de la economía y de las actividades culturales ha sido siempre en realidad uno de los ideales a alcanzar en la vida.

Existe, además, una palabra que define esta actitud: *inkyo*, que en sentido literal significa «vida oculta» y se emplea cuando una persona vive prácticamente escondida del mundo externo. Aunque la palabra *inkyo* tenga por tradición una connotación masculina, en el mundo contemporáneo también se puede referir a una mujer. Cualquier persona puede llegar a ser un *inkyo*, retirarse de todas las actividades sociales y entregarse al propio *ikigai*.

Es interesante constatar que con la epidemia de coronavirus ha aflorado el lado más introvertido del pueblo japonés, un rasgo típico de muchos iconos culturales nipones. Por ejemplo, la cultura *otaku*, ligada al manga y al anime, es la versión juvenil de los *inkyo*. También se dan formas prematuras y extremas de *inky*. Se calcula que en Japón más de un millón de personas viven en estado de *hikikomori* (encierro), es decir, que se excluyen voluntariamente de la escuela, del trabajo y de las demás actividades sociales y permanecen encerrados en su habitación, a menudo durante muchos años. Con la expresión «80-50» se designa uno de los problemas que plantea el *hikikomori*: hay muchas personas que han empezado el *hikikomori* cuando eran jóvenes, ahora tienen cincuenta años, y los padres, ochenta. Cuando se produzca la muerte de los padres que cuidan a los hijos que viven en reclusión, probablemente dentro de pocos años, ¿quién se hará cargo de ellos?

Con la epidemia de coronavirus ese aspecto más introvertido de la cultura japonesa ha salido a la luz, a veces con resultados positivos. Las personas se han puesto a buscar el ikigai en el ámbito privado, lejos de la necesidad de alcanzar la excelencia en el competitivo mercado del trabajo dominado por las multinacionales. Ha sido una acción equilibradora, un antídoto contra el veneno de la globalización, al menos de momento.

Es interesante señalar que en Europa el Renacimiento arrancó en Florencia, en el siglo XIV, al término de una epidemia de peste de proporciones mundiales que alcanzó su nivel más alto entre 1347 y 1351. Probablemente el aumento de la mortalidad obligó a las personas a cultivarse más a sí mismas y los propios intereses culturales y a dedicarse a la introspección, por fin libres de las normas y de los prejuicios tradicionales. El retorno de la fe en la vida en el período del Renacimiento posterior a la peste negra es una de las narraciones más bonitas y conmovedoras de la historia de la humanidad. El que ahora las personas dirijan la atención a un ikigai más íntimo, a placeres más privados con el fin de afrontar la pandemia puede indicar el inicio de una nueva era, no solo en Japón, sino también en Italia y en otras partes.

En tiempos difíciles como este, las personas tienden a deshacerse de detalles no necesarios y a concentrarse en las cosas esenciales que se presentan en la existencia de cada cual. Tal vez esté a punto de llegar un nuevo renacimiento del amor y de la vida, exigido por el progreso en las tecnologías de inteligencia artificial y en las exploraciones espaciales.

Nuestra conversación nos ha llevado a descubrir que el amor es el fundamento de nuestra existencia. En este período de dificultades y cambio para el mundo, esperemos que seamos capaces de encontrar el camino hacia el esencial árbol de la vida en el que crece el fruto del amor. Quizá el camino hacia ese árbol esté empedrado de ikigai.

Ecosistema digital

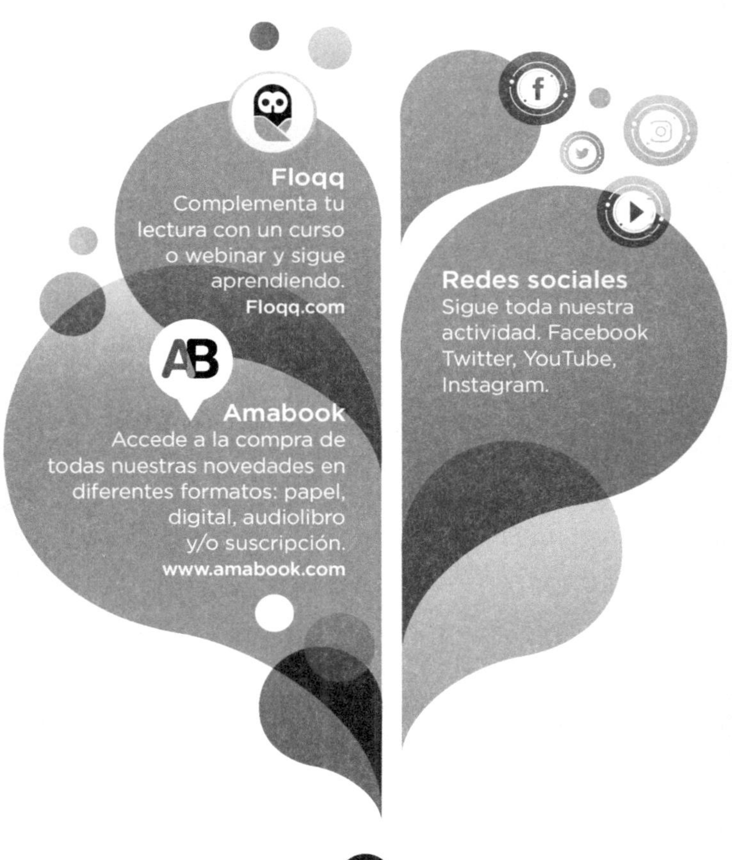